歴史から消された

禁断の鉄道史

小川裕夫

彩図社

はじめに

大正3（1914）年12月18日、東京駅の開業記念式典が挙行された。当時、テレビやラジオはまだない。式典の様子を詳細に伝えたのは、新聞や絵葉書といった紙媒体だった。それらから東京駅開業式典の様子を窺うと、東京駅の駅頭には開業を祝う緑門が設置されていたことがわかる。緑門は日清戦争や日露戦争の勝利に沸いた際に各地でつくられるなど、国家行事には欠かせないものだった。

東京駅の開業は、鉄道の起点が新橋駅から東京駅に移動したというだけのことではなく、まさに日本が一等国であることを諸外国に示す記念的行事だったと言っても過言ではなかった。それだけに、式典には時の総理大臣・大隈重信も駆けつけて祝辞を述べている。東京駅の駅頭に集まった民衆たちは手に手に日の丸を持って開業を祝い、新聞紙面を躍動した文字が踊った。

東京駅の開業と同時に京浜間では電車の運行が始められたが、ちょっとした不具合が起きたため、鉄道院総裁の仙石貢《せんごくみつぐ》は新聞に謝罪広告を出すほどの大きな混乱を招いた。昨今、電車が遅延したぐらいで鉄道会社が謝罪広告を出すことはない。ましてや官尊民卑の意識が強かった当時において、鉄道院総裁という鉄道官僚のトップが国民に頭を下げることなどは到底考えられない。

それでも、鉄道院総裁・仙石貢が新聞で謝罪広告を出さなければならなかったのは、鉄道が国家を左右するほど力を持つインフラであり、東京駅の開業が威信を賭けた国家事業だったからにほかならない。

東京駅の初営業は2日後の12月20日から始まり、東京駅を最初に出る横須賀線の汽車は午前5時20分に滞りなく出発した。

それから100年が経過し、平成26（2014）年に東京駅は無事に開業100周年を迎えた。東京駅では100周年を祝う行事が挙行されたが、奇しくも同じ年の10月1日は東海道新幹線50周年にもあたり、日本の鉄道にとって大きな節目でもあった。

歴史を積み重ねてきた鉄道には、長い歴史があるゆえにその闇に葬られてしまった話も多数存在する。

天皇・皇室が関係するためにタブーとされたもの、国民に伝わると不都合なために国家ぐるみで隠蔽したもの、戦争が深く関わっているために軍事機密とされたもの、政治家の利権に関わるもの、などなど。それらは多岐にわたる。

そうした話は、これまで鉄道本ではあまり触れられてこなかった。以前に刊行した拙著『封印された鉄道史』（彩図社）では、そうした話を発掘することを試みた。しかし、紙面の都合上、すべてに触れることはできなかった。本書は『封印された鉄道史』の続編ともいえる内容になっているが、あくまでも独立した本であり、『封印された鉄道史』をご覧になっていない方でも楽しめるように工夫している。

本書を読んで、鉄道が封印してきた歴史の一端に触れて、鉄道の奥深い闇があることを知り、鉄道の楽しさを感じていただける機会につながれば幸いである。

［目次］歴史から消された　禁断の鉄道史

【第二章】夢の超特急「新幹線」の光と影……85

【第三章】戦争が変えた日本の鉄道……145

【第一章】政治に翻弄された鉄道

【鉄道の未来を担う若き才能が集結】

若者たちが目指した南満洲鉄道

明治28（1895）年、近代化を成し遂げた大日本帝国は日清戦争に勝利し、名実ともにアジアの盟主になった。勢いに乗った日本は明治37（1904）年に勃発した日露戦争で、世界の大国・ロシアを打ち負かし、もはや世界の一等国に相応しいと自負するまでになっていた。

日露戦争に勝利した日本は、ポーツマス条約で中国東北部（関東州）の租借権と鉄道の権益を得た。それらを管理運営するために明治39年に設立されたのが、南満洲鉄道（満鉄）だった。満鉄は鉄道会社の枠を超えた巨大な権益を有した。昭和7（1932）年に建国された満洲国も実質的には満鉄が統治している。

最盛期の満鉄は、路線総延長約1万キロメートルを保有し、社員数は約39万8000人に及んだ。

満鉄のトップ職は総裁、理事長、社長と名称を次々と変えたが、その多くは歴史に名を残

関東州の大連にあった南満洲鉄道本社（『大連名勝写真帖』）

した人物ばかりだ。そのラインナップは内務大臣や帝都復興院総裁を務めた後藤新平、日本が国際連盟から脱退した時に外務大臣を務めていた松岡洋右、九州鉄道社長や鉄道院総裁を務めた仙石貢など、まさに満鉄は日本のオールスターで構成されていた。

満鉄の社員の方も優秀な人材が揃っており、日本政府の官僚が多数働いていた。これは満鉄が天下り先団体だったからではない。一人でも有能な人材を集めることができるように、初代総裁の後藤新平が在官のまま満鉄社員になれる規則をつくりあげたからだ。

こうした制度は若手官僚を刺激した。明治政府発足当初、政府の重要ポストは薩長土肥で占められていた。明治後期になると、日清日露戦争で軍功を立てた軍人が幅を利かせるようになる。明治末期、江戸幕府の封建体制が崩壊して50年も経たずして、政府は早くも硬直した体制になっていた。

そうした空気は自然と若手職員の芽を摘んだ。それでも意欲溢れる技術者たちはいた。若手技術者たちは自由に活躍できる場として、満洲を選択する。

有望な若手官僚は自分の力を試そうと、次々と渡満したのである。特に土木・建築関係を司る内務省や鉄道・通信関係を所管する逓信省《ていしんしょう》などから渡満した官僚が多かった。満洲は国づくりが始まったばかりで、家柄や縁故は通用しない。完全な実力主義だった。そのため、腕を試そうという若手技術者の柔軟な発想を受け入れる素地があり、いつのまにか満洲は官僚たちにとって出世の近道になっていく。

満鉄に優秀な人材が集まったのは、そうした才能を発揮しやすい環境があったことも理由だが、なにより待遇の良さも魅力だった。

満鉄は日本を離れて、異国の地で働く社員のために、全社員の社宅を用意した。創業から10年で建設された社宅は、8775戸。それでも社員の増加に追いつかなかったため、民間のアパートを買い上げるなどして、社宅に転用している。それでも社宅は足りなかったため、社員の中には民間のアパートなどを借りて住む者もいた。満鉄はそうした社員に家賃補助を行い、住宅組合を設立して家を建てる際に必要な資金を融資したりもしている。こうした厚

南満洲鉄道が誇る特急「あじあ号」（『全満洲名勝写真帖』）

い福利厚生が有能な若手官僚を満洲に引き寄せたのである。

昭和7（1932）年、満洲国が建国されると、満洲国政府は国有鉄道を建設するべく動き出した。ところが、関東軍は満洲国政府に鉄道建設・運行の権限を与えなかった。鉄道が軍事力や経済力を押し上げる効果があることを知っていたからである。満洲国が鉄道を持てば、いずれ強大な国となり大日本帝国に弓を引くかもしれない。日本政府はそう危惧したのだろう。

とはいえ、満洲国はあくまで独立国家である。他国が内政干渉することは、体裁上よくない。そこで名ばかりの国有鉄道を建設することにした。満洲国有鉄道が名ばかりの国有鉄道だったといわれるのは、建設工事に従事した作業員が満鉄からの出向者であり、完成した国有鉄道も委託という形で満鉄が運行や管理を行っていたからだ。満洲国の鉄道は、満鉄が権限を掌握していたのである。昭和10（1935）年、満洲国有鉄道は北満鉄路を買収したが、これらの路線も満鉄が管理している。

北満鉄路を買収したことで、満鉄は特急「あじあ」号の運行を開始。あじあ号は最高時速130キロメートルで、大連駅〜新京駅間約700キロメートルを約8時間半で走破するという驚異的なスピードを出した。このあじあ号は、昭和39（1964）年に鉄道界に革命を起こした新幹線の原型とも言える列車だった。

当然ながら、あじあ号のような高性能車両は多くはなかった。終戦時の満鉄は約4万7000の車両を保有していたというが、それでも常に輸送力不足に悩まされていた。

満鉄は敗戦とともに役目を終える。だが、満鉄社員は引揚者の本国輸送を担当する役目を与えられたこともあり、戦後はすぐにやってこなかった。

【訪日した皇帝溥儀を最大限に歓待】
満洲国皇帝が乗ったお召列車

「お召列車」（戦前は「御召列車」と表記）というと、天皇陛下や皇族のための日本独自の特別列車というイメージがある。しかし、日本が統治していた朝鮮や満洲国といった地域でも、日本のものとよく似たお召列車が運行されていた。

第一次世界大戦後、ソ連はその勢力を中国東北部にまで拡大しようとしていた。ソ連の台頭を恐れた日本軍の中国東北地方の守備隊「関東軍」は、支配地を国家として独立させることを画策する。そうして誕生したのが、満洲国だった。

満洲国の国家元首に選ばれたのは、中国の清朝最後の皇帝・愛新覚羅溥儀《あいしんかくらふぎ》だった。清朝は300年近くも中国全土を支配したが、明治44（1911）年の辛亥革命によって滅亡していた。清朝の再興は溥儀にとって悲願とも言うべきものであり、溥儀は喜び勇んで満洲国の玄関口・大連に向かった。

落ちぶれたとはいえ、溥儀は大清帝国の元皇帝である。大連港には多くの人民が押しかけ、

満洲国皇帝の愛新覚羅溥儀（『満洲国皇帝陛下東京市奉迎志』）

溥儀の到着を歓迎してくれるもの、と思い込んでいた。しかし、現実は違った。大連港で溥儀を出迎えたのはわずかばかりの側近だけで、それを目の当たりにし、溥儀は大清帝国の威信が失墜していることを痛感したという。

溥儀は大連から満洲国の首都である新京（長春）に汽車で向かった。到着した溥儀の日に飛び込んできたのは、大連とはまるで違う光景だった。駅には役人や軍人など多くの関係者が出迎えにきており、日の丸や黄竜旗《こうりょうき》（中国清朝の国旗）を手にした一般市民も集まっていた。ホームでは軍楽隊による演奏も行われ、溥儀はいたく感激した。

昭和7（1932）年、様々な思惑のもと満洲国が建国された。2年後の昭和9年、満洲国は帝政に移行し、溥儀は正式に満洲国皇帝に即

新京駅からお召列車に乗り込む溥儀（『満洲国皇帝陛下御来訪記念写真帖』）

位する。

それを受けて、日本から天皇の弟宮《おとみや》である秩《ちち》父宮《ぶのみや》雍仁親王《やすひとしんのう》が祝賀のために満洲国を訪問した。秩父宮は大連港に上陸し、そこから南満洲鉄道が用意した4両編成の特別列車に乗車した。この時、秩父宮が乗車した特別車両は、皇帝の溥儀も利用した満洲国の御料車とでも言うべきものだった。注目すべきは、その製造年である。この特別車両は明治44（1911）年に製造されたものだった。ようするに南満洲鉄道は、満洲国樹立の20年以上も前に、天皇や皇族が満洲の鉄道に乗車することを想定していたことがわかる。

満鉄の特別車の車号は頭の二文字から「トク」と呼ばれた。トクの車体は濃い緑色で、最後部が展望デッキになっていた。満鉄の特別車両はお召列車に準じた扱いになっており、駅や沿線での奉迎もお召列車と同様に扱われている。大連駅から乗車した秩父宮は沿線で市民が国旗を手にしながら整列して出迎える姿を目にしている。

新京駅に到着した秩父宮を溥儀はホームで出迎えた。ホームには儀仗兵《ぎじょうへい》が整然と並び、玄関口に停車している自動車まで絨毯が敷かれていた。溥儀と秩父宮は自動車に乗り込むまで並んで歩いた。沿道では「君が代」が演奏されるなど、秩父宮は最高待遇で迎えられた。

翌年の昭和10（1935）年、溥儀は秩父宮の満洲国訪問への返礼として訪日する。

大連港から戦艦比叡に乗艦し、横浜港に上陸。来日のために急遽つくられた臨港駅からお召列車に乗り、東京駅まで移動した。この時、溥儀が乗車したのは、10号御料車だった。10号御料車は大正11（1922）年に製造された車両で、歴代御料車唯一の展望車である。

溥儀は東京駅に到着すると、昭和天皇の出迎えを受けた。天皇の横には皇族の高松宮殿下、総理大臣の米内光政も控えていた。その歓待ぶりは秩父宮が満洲国を訪れた時と比べても遜色がなく、体裁上は日本と満洲国が対等であることを思わせるものだった。溥儀も最高レベルのおもてなしを受け、自分が皇帝であることを改めて実感したという。

日本滞在中、溥儀は多摩御陵と桃山御陵に参拝した。大正天皇の陵墓がある多摩御陵は東京の多摩地区にある。溥儀は原宿駅から10号御料車に乗り、東浅川駅まで移動した。明治天

10号御料車で東京駅を出発する溥儀（『満洲国皇帝陛下東京市奉迎志』）

皇の陵墓がある京都の桃山陵墓に向かった際は、京都駅から同じく10号御料車に乗車している。

溥儀は昭和10年と皇紀2600年にあたる昭和15（1940）年にも日本を再訪した。

どちらの訪日時にも溥儀は10号御料車に乗車しているが、昭和15年は日本がオリンピックと万博の開催を返上したこともあり、日本国内は停滞感や節制感で覆われていた。溥儀の再来日はそれらを払拭させる効果があり、日本国民の戦意高揚ムードを刺激した。東京市では花電車が運行されるなど、以前にも増して日本国民は溥儀を歓迎した。

当日は混乱を防止するべく、一般乗客が東海道本線を利用する場合は新橋駅を、山手線などを利用する場合は有楽町駅、神田駅を使用するといったように、東京駅へ立ち入り制限が設けられた。溥儀再来日の東京駅の様子は、新聞各社が写真付きで報道しただけではなく、満洲映画協会が記録として撮影している。

二度目の訪日時、溥儀は多摩御陵や桃山御陵のほか伊勢神宮、神武天皇陵なども参拝している。再訪時は随行員が多かったこともあり、東京〜京都間の移動は10号御料車と11号御料車が連結されている。

日本の統治下にあった朝鮮や台湾、影響力下にあった満洲ではお召列車が運行されていたが、溥儀は日韓併合後の朝鮮でも日本が製造した韓国版お召列車ともいえる韓国帝王車にも乗車している。

お召列車は天皇の専用列車ではあるが、満洲国の皇帝の溥儀は鉄道移動の際は天皇と同じ待遇を受けていた。おそらく、溥儀はそうした日本政府の待遇に満足していたのだろう。

溥儀は生涯初の外国への公式訪問に日本を選び、そして生涯最後の公式訪問地も日本だった。昭和7（1932）年に建国された満洲国はわずか13年半で消滅。皇帝を退位した溥儀がその後、お召列車に乗ることはなかった。

【不要になった車両も解体処分できない?】

国鉄を悩ませた御料車解体問題

日本では、現在でも天皇陛下が乗車する特別列車「お召列車」が存在している。もっとも新しいお召列車は、平成19(2007)年にお披露目された、JR東日本所有のE655系電車である。それまでのお召列車にはなかった現代的で精悍な面構えと、光のあたり具合によって色が微妙に変化する車体の塗装は、鉄道ファンに大きな衝撃を与えた。

お召列車は、6両編成が基本である。天皇が乗車する「御料車」と、お供役の宮内庁職員や都道府県知事、警備担当者などが乗る「供奉車《ぐぶしゃ》」で構成されている。

日本で鉄道事業が始まったのは明治5(1872)年、その頃からお召列車は運行されているが、実は天皇専用の御料車はまだ作られていなかった。御料車は運行のたびに一般客車の中から選定して使っていたのである。

御料車が初めて登場したのは、鉄道開通から5年後の明治10(1877)年。明治天皇が、この年に開通した京都駅~神戸駅間の開業式に臨席する際にお披露目された。以後、鉄道技術が進歩するにつれて、御料車はバージョンアップしていく。歴史上、国が製造した御料車で記録に残っているのは、全部で20両。その他、京阪電気鉄道や名古屋電気鉄道（現・名古屋鉄道）といった私鉄が、天皇臨幸に際して御料車を製造したケースもある。

お召列車の運行は、特別な警備体制のもとに万全を期して行われたが、車両の管理も徹底されていた。一般車両は廃車になれば解体されるのが普通だが、御料車は廃車後も車庫の中で厳重に保管された。現役から離れても、粗末に扱うことはできなかったのである。

しかし、戦後になると、御料車をとりまく環境は変わっていく。引退した御料車はスプリンクラーなどの防火設備を備えた、特別な車庫に保管されていた。昭和34（１９５９）年、その車庫が取り壊されることが決まると、それを機に、それまでタブー視されていた御料車を解体しようとする動きが国鉄内で出始めたのである。

それに待ったをかけたのが、交通博物館に勤務する鉄道研究家の鷹司平通《たかつかさとしみち》だった。

鷹司は五摂家として代々天皇家に仕えた公爵家の出身で、戦後に昭和天皇の三女・孝宮《たかのみや》和子《かずこ》内親王《ないしんのう》と結婚。〝鉄道の宮様〟ともいうべき存在だった。鷹司は新聞に御料車解体に反対する記事を寄稿。ヨーロッパでは貴重な鉄道車両は博物館などに保存されているとして、御料車の保管存続を訴えた。この意見に賛同する国鉄ＯＢや現職の職員らも少なくなく、国鉄総裁の石田礼助に直訴する者まで現れた。

御料車の中で、戦前に唯一解体処分された4号御料車（上）。明治33年に皇太子だった大正天皇のために製造されたが、12号御料車（下）が完成したことで昭和6（1931）年に解体処分された。

昭和41（1966）年に解体された11号御料車

御料車の保存運動はその後、さらに熱を帯びていく。政府や国鉄による保存が難しいならば、民間業者にまかせてはどうかとする意見が出る。車両の引受先として候補に挙がったのは、皇室と縁が深かった「こどもの国」（横浜市）や、近鉄が経営する鳥羽の遊園地、そして西武鉄道の「西武園（現・西武園ゆうえんち）」などで、その中でももっとも有力視されたのが、西武園だった。

西武鉄道の系列であるコクドは、戦後、旧皇族の邸宅や別荘を買い集めていた。西武グループならば御料車の保存も引き受けてくれるのではないかと思われた。だが、政府は民間による引き受けを認めなかった。御料車が営利目的で使用されるのは好ましくない、と考えたのだ。

関係者はそれでも諦めず、粘り強く運動を続けた。その結果、一部の御料車は解体を免れ、愛知県にある博物館「明治村」や、神奈川県の「よみうりランド」、「交通博物館（現・鉄道博物館）」などに引き取られることになった。

明治村に引き取られた5号御料車、6号御料車は、東海道本線を使って回送された。東海道本線は通行する列車の本数が多く、スピードが出ない御料車は列車の通過待ちでたびたび駅に停車した。駅には御料車をひと目見ようと大勢の人々が押し寄せた。明治村の職員も待ちきれなかったのか、半纏を羽織って豊橋駅まで迎えに出ている。関係者にとって御料車の保存引き受けは、名誉なことと感じられたのだろう。

このように保存される御料車がある一方、少ないながらも解体の憂き目にあった車両もあった。

昭和41(1966)年、国鉄は保存を求める声を押し切り、11号御料車の解体を決行した。満洲国皇帝の溥儀も来日時に乗車した、唯一の展望車である10号御料車と同時に製造された車両で、食堂車として用いられたものだった。

戦後に解体処分されたのは、この11号御料車だけで、その他の役目を終えた御料車は、現在でも東京都品川区にあるJR東日本の東京総合車両センターか、鉄道博物館、明治村などで厳重に保管されている。

【皇室のプライベートな鉄道利用とは？】

上皇・天皇・皇族の鉄道体験

昭和天皇は、皇太子時代の大正10（1921）年に、半年にわたって欧州を訪問した。それまでも皇族が諸外国や日本の保護国などを訪問することはあった。たとえば、皇太子時代の大正天皇も大韓帝国を訪問している。だが、天皇やその継承者の皇太子が純然たる外国に滞在した先例はなく、昭和天皇の欧州訪問が史上初のことだった。

この貴重な欧州訪問で、昭和天皇はとくにおもしろかった体験として「メトロ（地下鉄）に乗車したこと」と述懐している。昭和天皇は新幹線にも高い関心を示していたが、どうやら鉄道全般に興味を持っていたらしい。

そうした鉄道への興味は、その後の皇室にも受け継がれている。

上皇陛下は学習院高等科在学中の昭和27（1952）年、「電車に乗ってみたい」との理由から、学友とともに無断で寮を抜けだしている。目白駅から山手線に乗車し、新橋駅で降りて銀ブラを楽しんだ。身辺警護にあたっていた担当者は、大慌てで宮内庁に連絡を入れた。

大正10年の欧州訪問でロンドンを訪れた皇太子時代の昭和天皇。約半年の間に香港、セイロン島、イギリス、フランス、ベルギーなどを回った（『皇太子殿下御渡欧記念写真帖』）

欧州訪問の途中で立ち寄った英領のセイロン島（現・スリランカ）では、皇太子は移動の際にイギリス側が用意したお召列車に乗車している（『皇太子殿下御渡欧記念写真帖』）

宮内庁から警護担当者が駆けつけるまでの間、皇太子殿下に待っているよう命令するわけにもいかず、かといって目を離すこともできない。警護担当者は皇太子に随行し、その後、警視庁から派遣された警護担当者と合流した。だが、携帯電話がない時代だったので、たいへんな苦労をしたという。

そうしたハプニング的な鉄道利用は少ないが、必ずしも皇族は公務の時だけ鉄道を利用するわけではない。近場への移動は自動車が多いが、それでも買い物や通学などの際に鉄道を利用することがある。

たとえば、愛子内親王殿下は、学習院女子中等科に通っていたが、通学には電車を利用することもあった。

内親王殿下の通学には、皇宮警察本部と警視庁の担当者数人が「警衛」にあたっている。警衛とは天皇や皇族を護衛する意味の皇室用語である。愛子内親王殿下を警衛するのは皇宮警察の護衛二課で約11名が交代で担当している。ちなみに、天皇・皇后両陛下の担当は一課だ。

平成19（2007）年、愛子内親王殿下は六本木ヒルズからバスにも乗車した。これは公務ではなく、プライベートの利用だったため、運賃はＰＡＳＭＯで支払っている。もちろん、警衛担当者も一緒に乗車することになるのでＩＣカードは必携で、残高不足にならないように常にICカード乗車券にチャージしている。

愛子内親王殿下が通う学習院はJR山手線の目白駅が最寄駅だから、通常だったらSuicaを使うはずだ。バス乗車の際にPASMOを使ったことを踏まえると、愛子内親王殿下は東宮御所から地下鉄と山手線を乗り継いで通学したのかもしれない。

愛子内親王殿下の通学の様子も気になるが、もっと気になるのは悠仁親王殿下だろう。

悠仁親王殿下は天皇家ではなく宮家のため、警衛は皇宮警察の三課が担当する。二課と三課では、警衛の厳重さは異なる。三課は人数が少なく、単純に皇族の人数で割ると皇族1人に対して1、2名しか警衛の担当者がいないとされる。

このように、皇太子家とほかの宮家とでは扱いに大きな差がある。それでも悠仁親王殿下は男系皇族で、姉2人とは明らかに扱いが異なっているという。将来的には天皇になると目されているからか、特別な配慮がなされているようだ。

天皇・宮家という立場を鑑みれば、わざわざ通学に鉄道を使うことはないのではないか、と思うことだろう。セキュリティの面を考えれば、自動車通学の方が安全であることは言うまでもない。

しかし、上皇陛下は〝開かれた皇室〟を心がけており、あまり特別扱いされることを好まれない。そうした上皇陛下の意向もあって、皇室内で電車通学が奨励されているのかもしれない。

平成26（2014）年、秋篠宮家の長女である佳子内親王が、国際基督教大学（ICU）に入学した。佳子内親王は愛らしいルックスから国民的人気を博しているため、報道も過熱した。そうしたフィーバーから、通学はひとまず自動車を使うことにしたようだ。

だが、父親の秋篠宮文仁親王は、平成18年の富山ライトレールの開業式で、学習院大学時代、通学に都電荒川線を使っていたことを明かしている。報道の過熱ぶりが落ち着いた後、佳子内親王も何回かは電車でICUへ通学していた可能性は否定できない。

皇室も社会の変化に合わせて、生活スタイルを変化させている。皇室の鉄道に対するスタンスも、警衛のあり方も時代とともに変わってきているのだ。

【政治家や財界人が足繁く訪れた】
政治権力を反映した興津駅

現在、日本全国にはJRや私鉄、地下鉄などを合わせると9000を超える駅がある。その中には、いまではこれといった特徴のない地味な駅ながら、戦前のある一時期、特殊な理由から政治的に大きな注目を集め、政治家や政府の役人が詰めかけた駅がある。

その駅というのは、東海道本線の興津《おきつ》駅である。興津駅があるのは、東京から西に160キロ離れた静岡県静岡市清水区。静岡県の真ん中、駿河湾に面した場所にある。

なぜ、この駅が政治的に重要な駅だったのか。

興津駅が誕生したのは、明治28（1889）年。現在の旧新橋停車場鉄道歴史展示室付近にあった、新橋駅〜神戸駅間の東海道本線の開業とほぼ同時に設置されている。

興津は東海道の宿場町として、江戸時代から賑わっていた。風光明媚な場所で、良質な海水浴場があることから、東海道本線が開業し、駅がつくられたことで、東京などから多くの人がやってくるようになる。大正天皇も幼い頃、興津を訪れて海水浴を楽しんでいる。

明治後半、興津駅付近を通過する6350形機関車（『昭和鉄道史』）

そんな興津に注目したのが、明治の政治家たちだった。鉄道一本で訪れることができる興津は、避暑地としても、避寒地としても最適だったため、政治家たちは別荘を構えるようになった。

元老・井上馨《かおる》の長者荘や同じく元老の西園《さいおん》寺《じ》公望《きんもち》の坐漁荘《ざぎょそう》などが有名で、井上馨の兄の息子で伊藤博文の養子となった公爵の伊藤博邦も興津に別荘を所有していた。井上や西園寺と言えば、明治大正政界の大重鎮である。

彼らが滞在したことで、東海道本線における興津駅の重要性は一気に高まった。

井上馨は、伊藤博文からの信頼が厚く、政界のみならず、財界とも強固なつながりがあった。三井財閥との蜜月ぶりは有名で、「三井の大番頭」などと揶揄された。そのため、人気がなく、

西園寺公望（右上）とその別荘だった坐漁荘（筆者撮影）

総理大臣にはなれなかったが、その政治的な影響力は絶大なものがあった。

そのため、井上が病気療養のために興津の長者荘に滞在していると、中央から井上のご機嫌を伺おうと多くの政治家や財界人が見舞いに訪れた。鉄道庁はＶＩＰな見舞客に便宜を図るために、通常は普通列車しか停車しない興津駅に、急行列車を停車させるという特別ダイヤを組んでいる。

大正時代になると、興津駅はさらに政治的な注目を浴びるようになる。

大正11（1922）年に山県有朋が、その翌々年に松方正義などの明治の立役者が次々に逝去した。松方が亡くなったことで、元老は西園寺公望ただひとりになった。元老は、総理大臣が辞任した場合、次期首相の人選を天皇に助言するなど、強い政治的な権限を持っていた。また、外国との条約締結のような重大な政治的局面では、判断を任せられることもあった。言うなれば影の権力者だったのである。

唯一の元老となったことで、西園寺の発言力は非常に大きなものとなり、政治家たちは意見を聞くために頻繁に興津の坐漁荘を訪れるようになった。国体に関わる重要な事件が起きれば、西園寺自身が東京に赴くこともあった。そのため、興津駅は利用客数にそぐわない二面三線という大規模な駅施設を有し、側線には西園寺がいつでも上京できるように専用列車が待機していたともいわれる。

原敬内閣総理大臣が東京駅で暗殺されると、西園寺の身辺も厳重な警戒態勢がとられるようになる。政治家の一別荘に過ぎない坐漁荘では、出入りする人間を名簿で逐一チェックし、私服警官が周辺を警戒した。二・二六事件以後は警察官が増員されて60人体制になった。興津の海には沿岸警備船が待機し、邸宅内は憲兵が巡回した。

だが、西園寺公望が昭和15（1940）年に坐漁荘で死去すると、興津の政治的な役割は終わる。戦後には都市としての求心力を近隣の清水駅に奪われ、興津駅は現在のような地方の小さな駅に変わってしまった。

戦前、中央政界に大きな影響力を持った興津だが、その面影はほとんどない。

【戦火から逃げるVIPの疎開先】
政治家・財界人たちの軽井沢

昭和16（1941）年に真珠湾攻撃で口火を切った太平洋戦争は、当初こそ日本軍の快進撃が続いた。

しかし、ミッドウェー海戦あたりで戦局は反転。以降、日本は苦戦必至となる。昭和19（1944）年7月にサイパン島が陥落すると、日本本土が射程圏内に入った。そうした事態を受けて9月から学童疎開が開始される。学童疎開の計画自体は実施の3ヶ月前にすでに決まっていたため、日本政府はシンガポール陥落前から戦況の不利を予測していたのかもしれない。

都市部の人口を地方に分散させる「疎開」には、2つの狙いがあった。まずひとつは、都市部の人口を減らすことで空襲などによる被害を軽減させること。そして、もうひとつは空襲を不発に終わらせて敵国を消耗させるとともに、自国の戦力を蓄えて反転攻勢に出るという狙いである。

とくに学童は、将来の兵士予備軍でもある。若い世代が空襲で傷つけば、戦力ダウンは必至になる。日本政府にとって学童疎開は急務だった。日本国内の鉄道を管轄する鉄道省は、戦火が激しくなる昭和18（1943）年に逓信省と統合して、運輸通信省に改組していた。運輸通信省は学童疎開に注力し、わずか2ヶ月で、約80万人もの学童を都市部から地方に運んだ。

昭和20（1945）年3月、米軍のB29爆撃機の大編隊が東京の街を焼き尽くした。この時世に言う東京大空襲である。これを機に政府は学童以外の国民の疎開も決行した。この時の疎開の対象者は、1000万人にものぼった。客車だけではこれだけの大人数を運ぶことはできない。そのため、運輸通信省は野菜や石炭などを運ぶ貨車にも疎開者を詰め込み、地方に送り出した。貨車での移動は非常に過酷で、雨風にさらされながらの列車移動で体調を崩し、疎開先に到着する前に死亡するケースもあったとされる。

一般の国民がこれだけ過酷な疎開をしている中、政治家たちはどう過ごしていたのだろうか。

日本全土が空襲の恐怖に怯えるなか、政治家たちは比較的安全だった長野県の軽井沢に避難していた。

軽井沢は明治期から避暑地として人気を集めており、富裕層や特権階級の人々はこぞっ

戦前の軽井沢のメイン通り

て同地に別荘を所有していた。来日した外国人にも軽井沢は人気で、多くの外国人が軽井沢に別荘を建てている。外国人があまりに多いので、軽井沢の三笠ホテルには臨時の外務省の出張所が設けられたほどだった。

そうした背景もあり、日本本土が空襲を受けるようになると、滞在中の外国人は軽井沢に疎開するようになった。アメリカ軍も外国人が多いことはよくわかっていたようで、軽井沢は空襲の対象から外された。空爆のない軽井沢は、政財界から絶大な人気を誇る疎開先になったのである。

戦時中、軽井沢に疎開した政財界人には有名人も多い。戦後に自民党を創設し、総理大臣になった鳩山一郎、外務大臣や警視総監などを歴任した伊沢多喜男、幻の総理大臣と称された宇

軽井沢で野焼きを見学する近衛文麿

垣一成、伊藤博文の懐刀で憲法の番人とも呼ばれた伊東巳代治《みよじ》の孫・正治などがいた。

それらの有名人の中で、とくに軽井沢を足繁く訪れたのが、総理大臣を3度務めた近衛文麿だった。

公爵家出身の近衛は鉄道当局から特別扱いされており、上野駅では混雑する他の一般車両を尻目に、近衛専用の貸切車両が用意されていた。軽井沢は政財界の名士たちが集まる地だっただけに、同じ列車に貴族院議員や侯爵・子爵・外国公使などが乗り合わせることも多く、近衛は気さくに知り合いの政治家や官僚を特別車両に招き入れたりもしている。上野駅から軽井沢駅まで2時間以上もかかるから、話し相手が欲しかったのかもしれない。

開戦した昭和16（1941）年以降、不要不急の鉄道移動は制限され、列車の本数は減った。どの列車もすし詰め状態で運行されていたのにも関わらず、近衛は空いた車内でゆったりとシートに腰掛けて軽井沢まで移動している。

しかし、それらは近衛が要求したものではなく、鉄道当局が勝手に特別待遇したものだった。

上野駅には、列車を待つ要人のために貴賓室が設けられていた。軽井沢に向かう政財界人もその部屋を使っていたが、駅長をはじめとする駅員たちはその対応に追われたために、業務の負担になっていた。

近衛はそうした事情を知ってか、貴賓室は使わず、一般乗客に混じってホームに立って列車を待った。逆にそのことが駅員たちを慌てさせることになったのだが、特別な気遣いは必要ないという近衛なりのメッセージだったのかもしれない。近衛は年末には軽井沢駅に慰労金を届けるなどの配慮をしていたという。

戦時中は別世界だった軽井沢も、敗戦により状況は一変した。その後、軽井沢は高級別荘地としてさらなる発展を遂げたが、いまや政治家が集まる場ではなくなっている。

【戦後最大のミステリー】

下山事件と国鉄の闇

我が国で鉄道が開業してから約150年。その間、鉄道を舞台とした様々な怪事件があった。

その中でも謎が多く、現在でも戦後最大のミステリーとされているのが「下山事件」だろう。

事件があったのは、終戦間もない昭和24（1949）年7月5日。

その日の朝、国鉄総裁の下山定則はいつものように運転手付きの公用車に乗り、国鉄本社に向かうために大田区の自宅を出た。その途中、下山は運転手に日本橋の三越本店に立ち寄るように命じる。そして9時30分頃、公用車が日本橋の三越本店前に到着。下山は「5分で戻る」と運転手に告げ、デパートに入ったのを最後に、行方をくらませたのである。

同日午後2時、通報を受けた警察が秘密裏に下山の捜索を開始した。しかし、行方がまったくわからなかったため、同日午後5時、公開捜査に切り替えた。国鉄総裁の謎の失踪はニュースになった。

深夜12時頃、下山は意外な場所で発見される。東京都足立区の綾瀬駅周辺を走行中の最終列車の乗員が、線路脇に男性が倒れているのを見つける。確認をすると、それは変わり果てた下山の轢死体だった。

なぜ日本橋で姿を消した下山が綾瀬で発見されたのか。そもそも、下山はなぜ轢死体になったのか。

下山事件で現場検証をする警察官たち

事件は自殺と他殺の両面から捜査された。だが、結局、謎は解けることなく、捜査本部は解散され、事件は迷宮入りしてしまった。

下山は自殺だったのか、それとも他殺だったのか。

下山事件はその後も多くの人々によって調べられているが、現在でも結論ははっきりしていない。

なぜ、他殺説が出たのか。それは事件

当時、下山が国鉄の労組問題という極めて難しい問題に直面していたからである。

　現在、日本全国に線路を張り巡らせているＪＲは、もともと日本国有鉄道という公共事業体だった。

　日本国有鉄道が誕生したのは、戦後の昭和24年。それまで日本の国有鉄道は運輸省鉄道総局が運営していたが、日本の民主化を推進するＧＨＱの指示もあり、新たに独立採算制の組織を作って鉄道の管理運営を任せることになったのである。

　国鉄の発足にあたり、最初に問題になったのは初代総裁の人事だった。

　政府は初代総裁になってほしい、と私鉄の経営者や腕利きの実業家に打診して回った。しかし、誰もなり手が現れなかった。なぜなら、初代総裁には非常に嫌な役目が待っていたからだ。

　当時の日本の国有鉄道は、人員過多の状態にあった。国鉄の発足直前、鉄道に関連する職員の数はすでに50万人を突破。そこに新規採用者や復員者が加わったため、国鉄の職員は57万２０００人にも膨れ上がっていた。国鉄は独立採算を謳っている。それほどの人員を抱えて、正常な経営ができるはずがない。

　そのため、国鉄総裁は就任早々に大規模なリストラを断行せねばならなかった。リストラの目標人数は、10万人。当然、新総裁は恨まれ、嫌われることになるだろう。国鉄の人員

昭和24年7月1日、人員削減にあたり、国鉄中闘と会見する下山総裁（写真奥前列の中央、書類を手にする人物）。下山総裁はこの5日後に命を落とした。

過多は鉄道省時代から続く、負の遺産である。自分の責任でもないのに、憎まれ役を進んで引き受けようという者がいるはずがない。

結局、国鉄の初代総裁には、運輸次官を務めた下山定則が就任することになった。

下山は東京帝国大学を卒業後に鉄道省に入省、一貫して技術畑を歩んできたという鉄道官僚だった。機械の知識こそ豊富だったが、経営センスは未知数で、いわば火中の栗を拾う役目を背負わされたのである。

総裁に就任した下山は国鉄職員数の縮減のために、労働組合との交渉にあたった。労働組合は人員削減に反発し、共産党などの協力を得て激しく抵抗した。昭和24年7月4日、下山はリストラの第一弾として、約3万7000人の職員に解雇通告を行った。下山が行方をくらまし、轢死体となって発見されたのはその翌日のことである。

そうした背景から、下山事件は世間の耳目を集め、推理作家の松本清張をはじめとする多くのジャーナリストが真相解明に取り組んだ。労働組合による他殺説、共産党による殺害説、アメリカ軍による謀殺説など、様々な推理が飛び出したが、真相は謎のままである。

下山事件は昭和39（1964）年に公訴時効を迎え、闇に葬られた。国鉄の人員削減に対する労働運動も、下山事件の後、三鷹事件（三鷹駅で無人列車が暴走した事件）、松川事件（福島県で青森行きの旅客電車が脱線・転覆した事件）が相次いで起きたために世間から反発され支持を失った。そして、大リストラは予定通りに実行された。

現在、国鉄はJRに改組し、一般的には巨大な鉄道会社としか見られていない。政治的な思惑とあらゆる利権が交錯する魑魅魍魎の国鉄は遠い昔になっている。

武士たちの失業対策だった鉄道

【旧大名家の出資で作られた私鉄】

明治維新によって江戸幕府が崩壊すると、それまで武士として生活していた者たちは路頭に迷うことになった。

武士は江戸時代、仕官する幕府や大名から俸禄をもらって生活していた。しかし、明治維新によって幕府や大名家、そして武士の既得権益は剥奪されたため、彼らは生活の糧を失うことになったのである。

街に溢れる武士たちをどのように生活させるのか。

旧幕臣の中には、武士の再就職に腐心し、行動を起こす者もいた。たとえば、戊辰戦争で最後まで明治政府に抵抗をした榎本武揚は、維新後に東京都心部に北辰社《ほくしんしゃ》という牧場をつくった。北辰社は当時、日本では珍しかった牛乳を生産する牧場で、武士の雇用対策の一環として始めたものだった。

一方、武士だけでなく、旧大名家のために事業を開始したのが、最後の徳島藩主で維新後に東京府知事などを歴任した蜂須賀茂韶《はちすかもちあき》である。

大名は江戸時代、領地から年貢を得ていたが、版籍奉還により領地や領民を国に返すことになった。旧大名は年貢の代わりに明治政府から給料を支給されることになったが、その地位は世襲することができなくなった。近い将来、生活を維持できなくなる大名家が続出することが予見されたのだ。

そこで蜂須賀は旧大名家から出資を募り、鉄道会社を設立することを考える。

富国強兵・殖産興業を掲げる新生日本にとって、物流を劇的に向上させる鉄道の建設は急務だった。

当時、東北地方にはまだ広大な土地が残っており、農地として開墾すれば多量の米の収穫が見込めた。東北と東京をつなぐ鉄道を敷けば、東北で生産される農産物を運ぶことができる。鉄道の建設は東北地方の開拓に役立ち、殖産興業にも寄与することができる。

蜂須賀は政府に東北方面への鉄道建設を提案した。しかし、政府は新橋〜横浜間の鉄道建設ですっかり資金を使い果たしており、あらたに鉄道を建設する余裕がなかった。そこで蜂須賀は自分たちで鉄道を建設しようと動き出したのである。

明治政府が発足するにあたって、旧大名家は領地の返上と引き換えに、まとまった資金を受け取っていた。華族に支給された金銭は、総額約３０００万円。これは当時の国家予算に

華族や旧士族の救済のために鉄道事業を計画した蜂須賀茂韶（左）と、第十五国立銀行創設の中心となった岩倉具視（右）

匹敵する金額だった。華族に金が残っている今ならば、それらを出し合って鉄道会社を設立することは難しくない。鉄道会社の経営が軌道に乗れば配当を出すこともできるだろう。そうすれば旧大名家は長らく食べていくことができる。政府を助けると同時に華族の失業対策にもなる。まさに一挙両得の計画だった。

蜂須賀の構想は、岩倉具視や元佐賀藩主・鍋島直大などからも賛同を得た。蜂須賀は旧大名家の資金を預かり、それを運用するために第十五国立銀行を設立し、日本初の私鉄「日本鉄道」を立ち上げる。岩倉は公爵、鍋島と蜂須賀は侯爵であり、社会的信用度が高い。その3人が鉄道への出資を募ると、たちまち多くの出資金が集まった。

政府の支援もあって、日本鉄道は明治16

大正時代の上野停車場。上野駅を最初につくったのは、日本鉄道だった。

（1883）年に上野駅〜熊谷駅間を開業させる。明治24（1891）年には青森駅まで開業させて巨大な私鉄が誕生した。

この建設工事にも多くの旧士族が駆り出された。建設作業員を工面したのは、政府の鉄道責任者である井上勝だった。日本鉄道には鉄道建設のノウハウがなかったため、政府が建設を委託されていたのである。また、旧士族は鉄道員としても採用されている。鉄道は建設や運行に関しても、大名家や旧士族のハローワーク的な意味合いがあったのだ。

日本鉄道の設立に尽力した岩倉は、上野駅〜熊谷駅間の開業こそ見届けることができたが、明治16年に亡くなったため、青森駅までの開業を日にすることができなかった。後に鉄道員を養成する鉄道学校が神田錦町につくられた（後に上野に移転）が、鉄道における岩倉の功績を顕彰する意味も込めて、明治36（1903）年に岩倉鉄道学校に改称している。同校は現在でも、鉄道界に優秀な人材を数多く輩出している。

日本鉄道はその後、明治39（1906）年に鉄道国有法が公布されたことで、国に買収されることになった。日本鉄道は甲武鉄道（現・中央線）や山陽鉄道（現・山陽本線）とともに、官営鉄道になった。

日本鉄道の最後の社長を務めた曾我祐準《そがすけのり》は、渋沢栄一の勧めに応じて、国有化を決断したという。

曾我の本職は軍人であり、宮中顧問官を務めるなど、明治天皇からの信頼が厚かった。軍籍を離れた後は明治天皇から大正天皇の教育係に任命され、皇室と政界とのパイプ役として活躍した。

【2度の現職総理大臣の暗殺事件】

床の印が語る東京駅の血の惨劇

帝都・東京のシンボルである東京駅が完成したのは、大正3（1914）年。日本鉄道史の中では比較的遅かった。東京駅の構想が出たのは、明治時代。市区改正に伴い、東西南北に延びる鉄道路線をまとめる構想が浮上する。当時、鉄道のターミナル駅は、南は新橋、東は両国、北は上野、西は万世橋に分散していた。それらのターミナル駅をひとつに集約する中央停車場が、東京駅の出発点だったのである。

しかし、中央停車場計画は遅れに遅れ、ようやく大正3年に開業を迎える。

そうして、日本の鉄道の中心的な役割を占めるようになった東京駅だったが、中央駅という役割のために、駅を舞台として歴史的な事件が頻発するようになる。

東京駅で起きた事件の中で、特筆すべきは原敬と浜口雄幸《おさち》という2人の現職総理大臣の暗殺事件だろう。

原敬が暗殺されたのは、大正10（1921）年。原は日本初の平民宰相として、民衆か

原敬首相（右上）の暗殺現場。襲撃犯の中岡艮一は右の柱の影に隠れていた。

ら熱烈な支持を受けていた。それまで総理大臣は、爵位を得た華族がなるのが通例で、貴族院から選出されていた。そんな中、大正7（1918）年に衆議院から初めて原が総理大臣に任命される。原の政治力は抜きん出ており、総理大臣を歴任した山県有朋や西園寺公望なども一目置くほどだった。

しかし、高すぎる政治力はときに大きな反感を買う。大正10（1921）年11月4日、原は京都で行われる政友会の会合に向かうため、東京駅に立ち寄った。列車に乗るために乗車口を通ろうとした時、突進してきた暴漢に短刀で右胸を一突きされる。犯人は大塚駅の駅員だった中岡艮一《こんいち》で、短刀による傷は右肺を貫通し、心臓にまで至っており、原はほぼ即死状態だった。

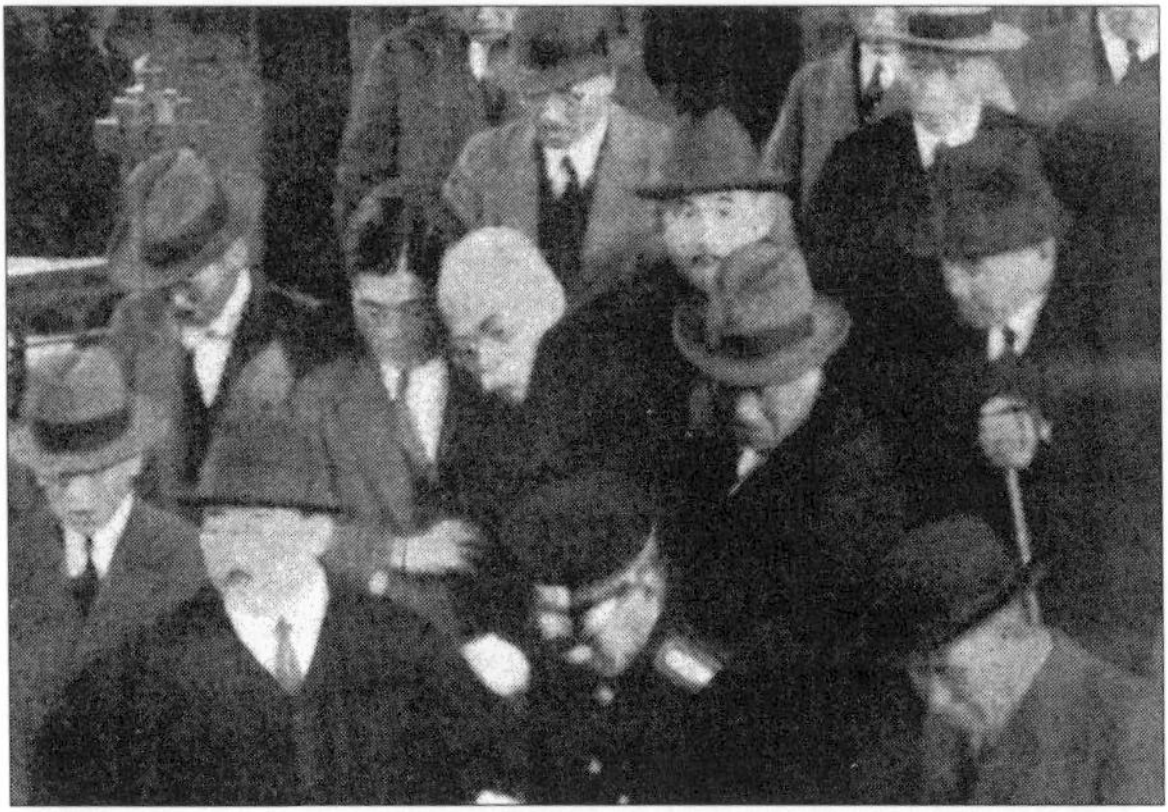

東京駅で襲撃された浜口雄幸（写真中央）。初の明治生まれの総理大臣で、その風貌と力強い政治手腕から「ライオン宰相」とアダ名された。

当時の東京駅は丸の内口しかなく、しかも乗車口と降車口が明確に区分されていた。そのため、原総理大臣が何時の列車に乗るのかを把握できれば襲撃することはさほど難しくなかった。犯人は鉄道省の職員だったこともあり、内部情報を得やすい立場にあった。

犯人が大塚駅職員だったことは、鉄道現場に大きな衝撃をもたらした。そして世間にも恐怖感を植え付けることになる。

原が暗殺されて以降、東京駅のセキュリティ意識は高まった。総理大臣が東京駅を利用する際は、関係者以外立ち入り禁止の措置が講じられるようになった。

だが、「総理大臣が東京駅を利用する際は関係者以外立ち入り禁止」というルールは、その後、「一般利用者に迷惑がかかる」として、現職の総理大臣により廃止される。その総理大臣というのが、後に東京駅で襲撃されることになる浜口雄幸だった。

浜口が東京駅の規制を解除したのは、昭和4年。原敬首相の暗殺事件から8年が経過した時だった。

その頃、東京駅周辺は劇的に変貌していた。

東京の建築物は高さ50尺（約15メートル）までという制限があった。しかし、それが大正8（1919）年に市街地建築物法の制定により、東京駅周辺の丸の内エリアの建築物は高さ100尺（約30メートル）まで制限が緩和される。それに伴い、丸の内は急速に発展を遂げ、大正12（1923）年には東京駅のシンボル・丸ビルが竣工。オフィス街となった丸の内には、サラリーマンや買い物客が溢れるようになっていた。総理大臣が利用するからといって、立ち入りを制限すれば大混乱に陥ることは必至だったのだ。

だが、それが襲撃犯につけいる隙を与えてしまった。

立ち入り制限を解除した翌年の昭和5（1930）年11月14日、浜口は岡山県で行われる陸軍の演習を視察するために、東京駅を訪れた。午前9時発の特急「燕」に乗車するためにホームを移動中、右翼団体の構成員・佐郷屋留雄《さごうやとめお》に至近距離から銃撃された。銃弾は腹部に命中し、浜口は東京帝大病院で緊急手術を受けた。一命は取り留めたものの、その傷がもと

新幹線中央乗り換え口の手前にある浜口首相の遭難現場の印。原敬首相が襲撃されたのは現在の東京駅丸の内南口、現場にはプレートと印が残されている。

で翌年に急死している。

現職の総理大臣が襲撃を受ける、という痛ましい事件を伝えるため、現在でも東京駅には襲撃ポイントの床面に印が打たれている。

どうして両総理大臣は襲撃されたのか。総理大臣ともあろう重要人物を警察はどうして身辺警護していなかったのか。

現在、総理大臣には警視庁をはじめとする警察から専門のボディーガードが派遣されているが、これは昭和50（1975）年に三木武夫首相が佐藤栄作元首相の葬儀会場で殴打されたことを教訓にし、警視庁がセキュリティポリスを創設したからだ。それまでの総理大臣には警察による身辺警護はつかず、総理大臣の秘書などがボディーガード役を務めていた。総理大臣の警護は不十分だったのである。

それ以降も多くの現職総理大臣が東京駅を利用したが、警備態勢がより厳重になったこともあり、東京駅では凶行は起きていない。

この2人の襲撃事件に隠れているが、実は東京駅で絶命した大物がもう1人いる。

それが西武鉄道の総帥・堤康次郎《つつみやすじろう》だ。

昭和39（1964）年4月24日、堤は熱海に向かう準急「いでゆ号」に乗車するために東京駅の地下道を通行中、心臓発作を起こして昏倒した。堤は同行していた息子の堤清二や側近らによって病院に搬送されたが、2日後に息を引き取った。

堤が倒れた場所は、東京駅に通じる連絡通路と伝聞されている。だが、原や浜口のケースと違い、現職の総理大臣でも襲撃に遭ったわけでもない。そのため、床面に印が付けられているわけではない。

2013年、当時を知る息子の堤清二も亡くなった。堤康次郎が倒れた場所は謎のままになっている。

【政府に翻弄された中央駅のデザイン】

ナショナリズムが生んだ東京駅

日本の近代建築の祖であるジョサイア・コンドルは、明治10（1877）年に来日した。工部大学校（現・東京大学工学部）で建築学を教える傍ら、上野の旧東京帝室博物館本館や鹿鳴館といった公共建築の設計を行い、晩年には三菱のバックアップもあって、丸の内に広がる三菱グループの建物の設計を多く手がけている。

建築家としての手腕を高く評価されていたジョサイア・コンドルだったが、教育者としても優秀で、高名な建築家を多く育てている。

その代表者が帝都の玄関口である東京駅をデザインした辰野《たつの》金吾《きんご》だ。

ジョサイア・コンドルの愛弟子だった辰野は、明治半ばには日本建築界の第一人者となり、日本銀行本店や国技館などを設計している。政府が辰野に東京駅の設計を全権委任したのは、東京駅は帝都にふさわしい風格を備えた建造物にしたいという強い願いが込められていたからだ。東京駅は当初「中央停車場」という呼称だった。その呼称は開業直前に「東京駅」と

リチャード・ブリジェンスが設計した新橋停車場（『東京百建築』）

なることが決まったが、〝日本の中心〟であるという意味は変わらない。東京駅には国の中心たる威厳と風格が求められた。

明治5（1872）年に日本初の鉄道が新橋駅〜横浜駅（現・桜木町駅）間で開業した際、その駅舎の設計を担当したのは、アメリカ人建築家のリチャード・ブリジェンスだった。ブリジェンスは幕末に来日し、そのまま明治政府のお雇い外国人として出仕した。築地ホテル館を設計した、日本における西洋建築の第一人者である。

明治政府が鉄道建設を決めたとき、日本の技術者の多くは鉄道のことをほとんど知らなかった。それゆえに、駅舎を設計することなど不可能で、明治政府は駅舎の設計をブリジェンスに依頼。こうした経緯から、新橋駅のみならず横浜駅の設計をブリジェンスが担当することになった。

明治期の日本は西洋に追いつけ追い越せとばかりに、文明開化を合言葉にして西洋文化を取り入れていた。だから、首都の玄関口となる中央停車場も当然ながら西洋の先端技術を取り入れた建築物でなければならなかった。要するに東京駅は交通機関というよりも、日本国民のナショナリズムを刺激するための仕掛けだといえる。

それゆえに、そのデザインを担当するのは一流建築家でなければならなかった。新橋駅をデザインしたブリジェンスは明治24（1891）年に没しているので、東京駅のデザインを任せることはできない。

実績から見ればジョサイア・コンドルも申し分なかったが、政府は熟慮の末に、ドイツ人鉄道技師のフランツ・バルツァーに東京駅の設計を依頼した。だが、上がってきたバルツァーのデザインに日本政府は難色を示す。西洋建築の駅舎にしたかったのに、バルツァーの案は和洋折衷だったからである。

結局、政府はバルツァーの案を破棄、帝都の玄関口は外国人ではなく、日本人建築家に設計させるべきだという声が挙がる。

当時の日本の建築界には、赤坂離宮や日本赤十字社病院をデザインした片山東熊《とうくま》、三井住友銀行大阪中央支店や日本郵船ビルヂングなどをデザインした曽禰達蔵《そねたつぞう》など、そうそうたる

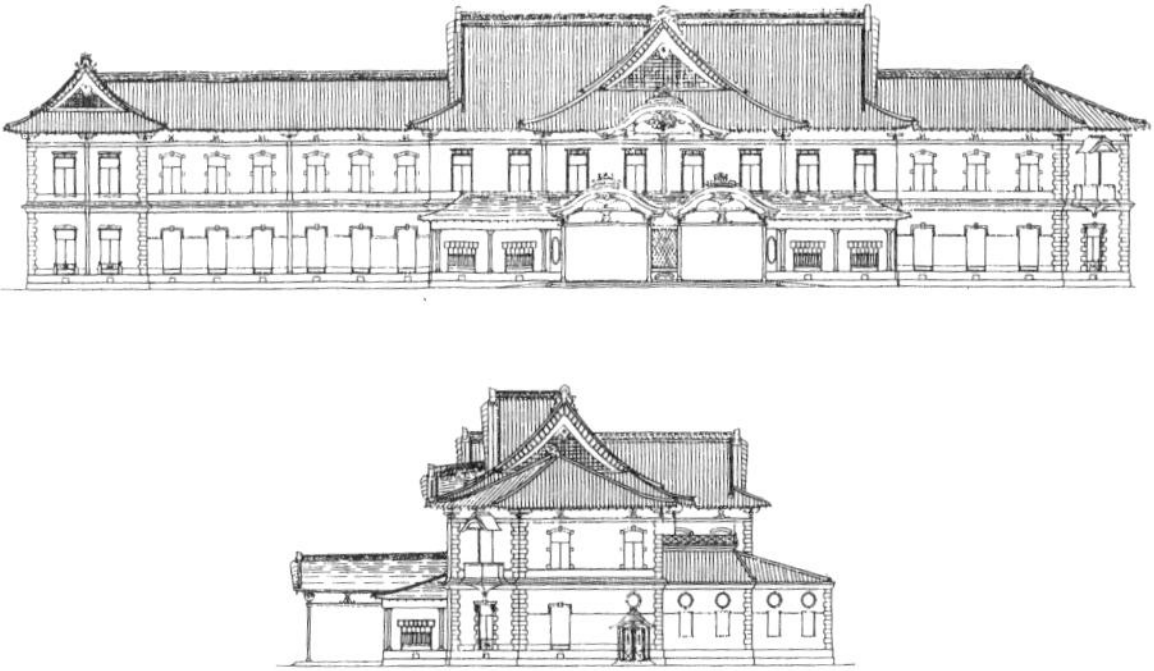

フランツ・バルツァーのデザインした東京駅（『東京駅誕生』）

メンバーがいた。

また、駅舎のデザインという分野では、上野駅を設計した三村周《しゅう》がいた。三村は明治10（1877）年に大阪駅に開設された工技生養成所の一期生で、卒業後に錬鉄製の鉄道橋を設計したことが評価されて、上野駅のデザインを任された。上野駅は日本鉄道の駅として明治16年に開業していたが、当初は仮駅舎を使っていた。開業から2年後、三村が設計した地上2階、地下1階建のレンガ造りの駅舎がお披露目されている。

だが、三村はその後、駅舎建築の方面には進まず、鉄道の信号機器の開発製造を行う鉄工所を開設。その鉄工所がもとになって生まれたのが、保安部品や自動改札機を製造する日本信号である。日本信号は信号機や自動改札機のトッ

辰野金吾設計の万世橋駅。後に設計する東京駅とよく似ている（『日本写真帖』）

プメーカーになり、現在では海外でもその製品が使われている。

そうした有名建築家を押しのけ、辰野が選ばれたのは、万世橋駅の設計が評価されたからだとされている。

万世橋駅は明治45（1912）年に赤レンガで建設されている。明治38年に日露戦争で勝利すると、日本国内では日本は世界の列強に肩を並べた、という意識が生まれる。万世橋駅の瀟洒なレンガ造りのたたずまいは、そうした高揚するナショナリズムを満足させるのに充分な出来栄えだった。駅前には日露戦争で死没した国民的英雄・広瀬武夫中佐と部下の杉野孫七の銅像が建立された。この銅像は東京名所のひとつに挙げられるようになり、万世橋駅にも注目が集まったのだ。

辰野はコンドルの愛弟子であり、ロンドンへの公費留学を経て、帰国後は工部大学校の教授になった建築界のサラブレッドだった。教え子たちと東京や大阪に建築事務所を構えており、政界にも知己を多く抱えていた。建築の腕前もさることながら、政治的な手腕も一流だったのである。

多方面からの期待を一身に背負った辰野は、それに応えるべく、東京駅のデザインに取り組んだ。

だが、辰野が新しいデザインを盛り込むたびに、政府からデザインの変更を命じられてしまう。政府が求めたのは、あくまで勃興する日本国民のナショナリズムを満足させる西洋建築の駅舎だった。結局、ゴーサインが出た東京駅のデザインは、辰野が以前設計した万世橋駅そっくりになってしまった。

現在、万世橋駅はマーチエキュート神田万世橋という商業施設となり、ビジネスマンやOLたちの憩いの場になっている。東京駅にも八重洲口にグランルーフという商業施設が完成した。

万世橋駅と東京駅の赤レンガ駅舎は現在でも西洋を感じさせるデザインのままだが、そこにはもはや国家の威信は感じられない。

【赤レンガ駅舎をぶっ壊せ！】
バブルの余波で消されかけた東京駅

平成26（2014）年、東京駅は開業100周年を迎えた。

東京駅には西に向いた丸の内口と東に向いた八重洲口、そして日本橋口がある。東京駅と聞くと、たいていの人は赤レンガ駅舎の丸の内口を思い浮かべるだろう。

大正3（1914）年に開業した東京駅は関東大震災を耐え抜いたが、その後、戦火によってズタズタに破壊された。終戦直後の東京駅は屋根が焼け落ち、その姿はとても日本の玄関口と呼べるものではなくなっていた。

戦後、東京駅の再建は急がれた。なにしろ、東京駅丸の内口は宮城に向けてつくられているのだから、無残な姿をいつまでも晒しているわけにはいかない。再建工事を任された建築技師の松本延太郎《のぶたろう》は資材不足に悩まされ、急場しのぎとしてドーム型屋根を八角形に変更して再建することにした。デザインの変更はあくまで仮復旧のつもりで、世間が落ち着きを取り戻して資材不足が解消したら、改めてドーム型屋根を再建するつもりだった。

辰野金吾が設計した東京駅（『新訂日本名勝旧蹟産業写真集』）

ところが、松本の思惑とは逆に八角形屋根の東京駅は東京都民に馴染んでいった。そして、いつの日かドーム型屋根の東京駅舎は人々の記憶から薄れていく。記憶から遠ざかったのは、ドーム型屋根というデザインだけではなかった。東京駅の存在意義も薄れつつあった。

発端となったのは、昭和55（1980）年頃から兆候を見せ始めていたバブル景気だった。連日、日経平均株価は上昇を続け、不動産価格も高騰。都内にマイホームを購入することは庶民には手の届かない夢となった。

昭和57年に発足した第一次中曽根内閣は、「アーバンルネッサンス計画」と称して容積率の規制緩和を打ち出した。

容積率が緩和されれば、ビルの高層化に拍車がかかり、不動産価格も高騰する。この政策がバブル景気を招いた要因といわれる。

さらに中曽根内閣は山手線内の建物はすべて5階以上にすることを表明した。ビルを高層化することができれば、その分、多くの企業が都心にオフィスを構えることが可能になる。この魔法のような中曽根内閣の構想は、東京駅の赤レンガにも向けられた。

赤レンガ駅舎は丸の内という一大ビジネス街に立地している。そこに低層の東京駅があるというのは、中曽根内閣に言わせれば「土地の有効活用ができていない」ということになる。昭和61（1986）年、第三次中曽根内閣が誕生すると、不動産の有効活用はより鮮明に打ち出される。そして出されたのが、東京駅の高層化計画だった。

この計画の音頭をとったのは、民間活力導入担当大臣と国務大臣を兼務した金丸信副総理だった。

この計画によると、東京駅は従来の駅舎を取り壊し、新たに高層ビルに建て替えられることになっていた。駅として使用する階以外は、民間企業に貸し出す。そうすれば東京駅の土地を有効活用できるというのだ。

しかし、東京駅の高層化は一筋縄ではいかなかった。過去にも丸の内では高層ビル計画が浮上したが、世間の反発で計画は白紙撤回されていた。

当初の計画では新ビルの高さは127メートルだった。堂々たる高層ビルである。

高層ビルへの建て替えが検討された東京海上ビルディング

当時の都知事だった美濃部亮吉はそうした高層ビルが建てられれば、東京の美観が損ねられるとして反対。法律で規制できないならば、都が美観条例を制定して建設を止めさせようとした（美観条例は国に反対され、制定できず）。

この問題は都議会だけでなく、国会でも議論されるなど大きな社会問題になったが、結局、東京海上が自主的にビルの高さを99・7メートルに縮小したことで解決する。なぜ東京海上は自主的に計画を変更したのか。詳しい理由は明らかになっていないが、127メートルもの高さのビルを建てれば、天皇が生活する皇居の中がビルから丸見えになる、という問題があったのではないかともいわれている。

だが、東京駅の高層化に関しては、国鉄の高木文雄総裁が高層化に賛同したため、長い歴史と伝統を持つ東京駅の赤レンガ駅舎は取り壊しの危機に瀕することになった。

　そうした動きがマスコミに報道されると、世間では反対の声が挙がる。東京駅の赤レンガ駅舎に愛着を持つ文化人や市民らが「赤レンガの東京駅を愛する市民の会」を結成、日本建築学会とともに赤レンガ駅舎の保存と建て替え計画の撤回を求めて運動を始めたのだ。

　一方、丸の内に多くの不動産を所有する三菱地所は、丸の内をさらなるビジネスの拠点にしようとしていた。ときを同じくして三菱地所は付近一帯のビルを高層化するという「丸の内マンハッタン計画」を発表。東京駅の高層化はもはや止められないところにきたかに思えた。

　しかし、そこで膨れ上がったバブルがついに破裂する。

　バブル崩壊により日本経済は大混乱に陥り、東京駅の高層化どころではなくなった。三菱地所も「丸の内マンハッタン計画」の大幅な見直しを迫られ、三菱グループの発展を支えた三菱一号館を復原するなど、歴史や文化の保存にシフトチェンジすることになる。

　それに伴い、東京駅の高層化も白紙。駅舎は辰野金吾がデザインした本来の姿に復原されることになり、２０１４年に復原工事が完了した。復元にかかった費用の約５００億円は、駅の空中権を販売することで調達した。空中権とは平成11（１９９９）年の改正建築基準法に盛り込まれた新しい権利で、一定の条件のもと、未使用の容積率を周辺の土地に移転できる権利をいう。簡単に言えば、東京駅を低層のままにしておく代わりに、余った容積率を売り、周辺により高い建物を建てられるようにしたのである。

東京駅の赤レンガ駅舎は不動産バブルによって立場を危うくしたが、空中権というバブルの産物によって救われてもいる。バブルという前代未聞の熱狂は、鉄道のシンボル・東京駅の命運をも左右していたのである。

幻の原子力機関車AH100形

【東電よりも早かった国鉄の原子力平和利用】

平成23（2011）年3月11日に起きた東日本大震災は、未曽有の大震災となった。東北地方の太平洋側は大きな被害を受けたが、なかでも福島県にある東京電力の福島第一原子力発電所の受けた被害は深刻で、現在でも周辺地域は復興の目処が立たず、立ち入りが制限されている。

日本の鉄道は、蒸気機関車から汽車、そして電車へと進化してきた。電車は電力を動力源にしているので、鉄道と電気は相即不離の関係にある。動力源の電気を生み出す方法は、火力から水力、そして高度経済成長期以降は原子力へとシフトしている。

原発の導入を巡り、日本国内で議論が始まったのは、昭和30年代。政界でとくに原発導入を推進したのは、正力松太郎と松前重義《まつまえしげよし》だった。正力は読売新聞社の社主でもあり、日本では原発の父とも称される。原子力委員会の初代委員長を務めただけではなく、科学技術庁の初代長官も務めている。

日本初の原発・関西電力美浜発電所（提供：国土交通省）

松前は逓信院総裁まで上り詰めたトップ官僚で、列車無線の開発に傾注した人物でもある。列車無線の技術は、時代を超えて携帯電話にも応用されている。

松前は官僚として原子力基本法の制定や科学技術庁の設立に尽力し、退官後は衆議院議員に転身したが、その傍ら東海大学を創立し、原子力の研究を続けた。

日本は原爆を投下された唯一の国であり、昭和30年代は国民の間でもその記憶は鮮明だった。それにも関わらず、政治家・財界人は原子力の平和利用を謳い、原発の導入を推進した。

昭和45（1970）年には、関西電力美浜発電所1号機で、日本初の原子力発電所の営業運転が開始される。その後、国民の不安をよそに原発は次々と日本各地に建設されていった。

太平洋戦争に敗れた日本は、敗戦国として様々な制約を受けることになった。その後、昭和26年にサンフランシスコ平和条約を締結したことで国際社会に復帰。それまで課されていた様々な制約を解かれたことで、日本では未来の技術である原子力をいち早く利用しようという動きが強まった。

このとき、官民を問わず、原子力を研究するための機関が数多く設立されたが、その中には意外にも国鉄の姿があった。

国鉄で原子力の研究を担当したのは、国鉄鉄道技術研究所（現・鉄道総合技術研究所）だった。昭和31（1956）年、茨城県東海村に日本原子力研究所が設立されたが、国鉄鉄道技術研究所はそれより1年早く原子力の平和利用のために動き出していた。

国鉄は原子力を使って何をやろうとしていたのか。

その答えは、原子力機関車の製造である。

原子力機関車というと突拍子もないものに思えるかもしれないが、実は当時、すでにアメリカなどで実用化に向けて研究が進められていた。国鉄はそれらを参考に、日本独自の原子力ガスタービン機関車をつくろうとしていたのである。

国鉄の原子力機関車の型番はＡＨ１００形とされ、ウラン２３５を燃料とすることが念頭に置かれていた。国鉄鉄道技術研究所がまとめた計画書によると、ＡＨ１００形の最高速度

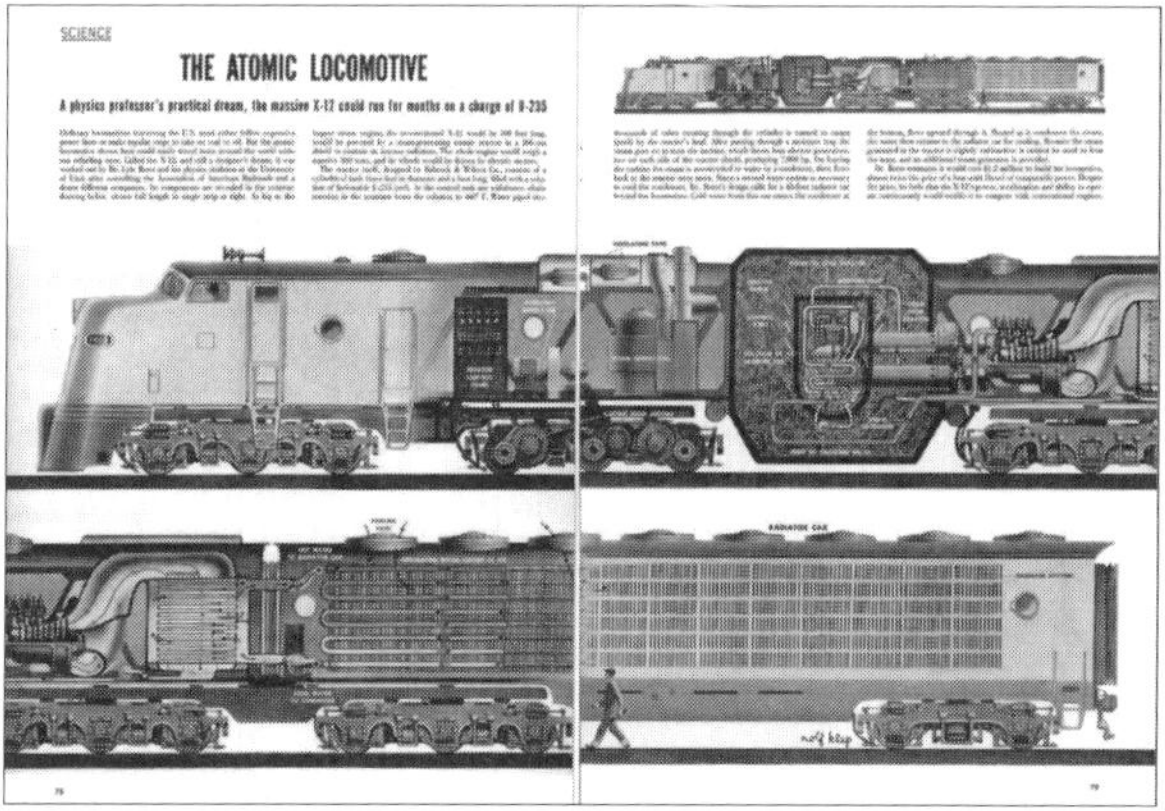
SCIENCE

THE ATOMIC LOCOMOTIVE

A physics professor's practical dream, the massive X-12 could run for months on a charge of U-235

米国の原子力機関車「X-12」の完成予想図（『LIFE』1954年6月21日号）

は時速95キロメートル。原子力という未知なる最新技術を使うわりには、人々が驚嘆するようなスピードは出せなかった。

なぜ、スピードが遅いのか。それは車体があまりに重かったからだ。原子力機関車は、その名前の通り、原子炉を搭載している。原子炉は放射能を出すので、周囲を防御壁で取り囲まなければならない。この防御壁がとてつもなく重かったため、車体も尋常ではない重さになってしまったのだ。

当時の日本の技術では、この重さを解決する方法がなかった。それだけでなく、原子力機関車は開発に莫大な経費がかかることもわかった。

結局、それらがネックになり、原子力ガスタービン機関車は幻に終わる。国鉄鉄道技術研究所の報告書では、「原子力機関車の開発は将来的に実現不可能ではない」としたものの、原子力機関車を製造するよりも原子力発電所の建設に注力した方が得策だとしていた。日本全体の発電量が増加すれば、各地の蒸気機関車を電車に置き換えることができる。国鉄はその方が合理的だと判断したのである。

原子炉を動力源とする機関車は、アメリカの他、ソ連や西ドイツなどでも研究が進められていたとされる。しかし、日本と同様の問題に直面したため、いずれも計画段階でストップしており、車体を製造するにまで至ったケースはない。だが、もしも私たちの知らないところで秘密裏に研究が続けられていたとしたら……。そう遠くない将来、原子力機関車が私たちの前に姿を現す日がくるのかもしれない。

【特急にも自由に乗れるゴールドチケット】
選挙立候補者たちの鉄道旅行

国会議員には、1年間有効の鉄道軌道乗車証（通称：JRパス）が配布されている。これは「国会議員の歳費、旅費及び手当等に関する法律」（通称「歳費法」）で認められた国会議員の正当な権利で、JRパスという通称ではあるが、一時期前までは私鉄にも乗車することができた。

国会議員には、毎月支給される議員報酬とは別に、文書通信交通滞在費と呼ばれる経費が月額100万円支給されている。名称からもわかるように、文書通信交通滞在費は議員が電話やインターネット、手紙で連絡を取ったり、視察や選挙区を回る際に列車を使ったりするときに使用するものだ。これらは領収書の提出が義務付けられていないので、使途を公開する必要がなく、国会議員第二の給料などとも揶揄される。

ほかにも国会議員には金銭的優遇がたくさんある。そうした政治家の特権は時折テレビなどで取り上げられるので、ご存知の方も多いことだろう。

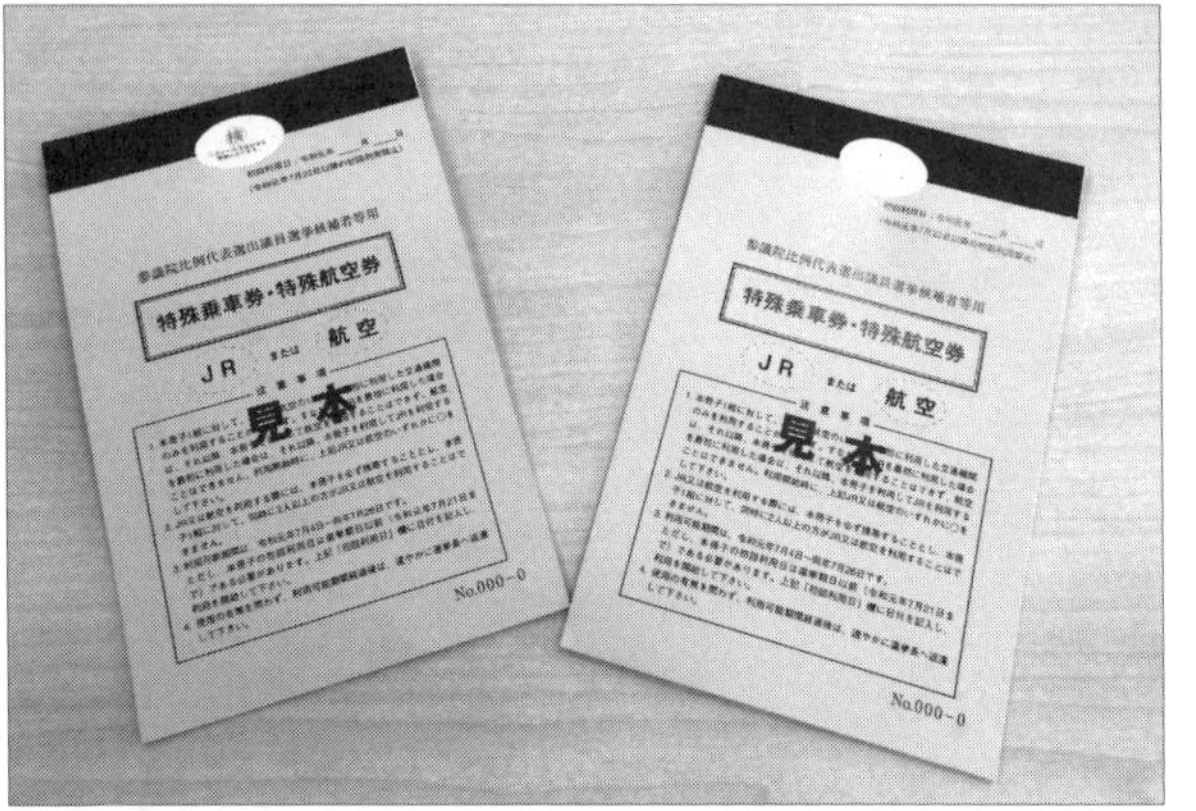

国政選挙の候補者に配られる特殊乗車券・特殊航空券（筆者撮影）

だが、鉄道に関して言えば、選挙に立候補するだけで得られる特権がある。

それが立候補者全員に配布される〝特殊乗車券・特殊航空券〟だ。一般的には聞きなれないチケットだが、これは衆議院選挙・参議院選挙に立候補した候補者に選挙管理委員会が配布するＪＲ乗り放題チケットと無料航空券である。

〝特殊乗車券・特殊航空券〟は普通列車だけでなく、特急・急行にも乗車できる。１冊が50枚綴りになっており、立候補者にはあらかじめ６冊配布される。要するにこれさえあれば鉄道に３００回乗車できるという、鉄道ファンにとっては夢のようなチケットだ。ちなみに選挙期間中にチケットを使い切ってしまったら補充も可能。リクエストすれば追加で発行されるというおまけ付きである。

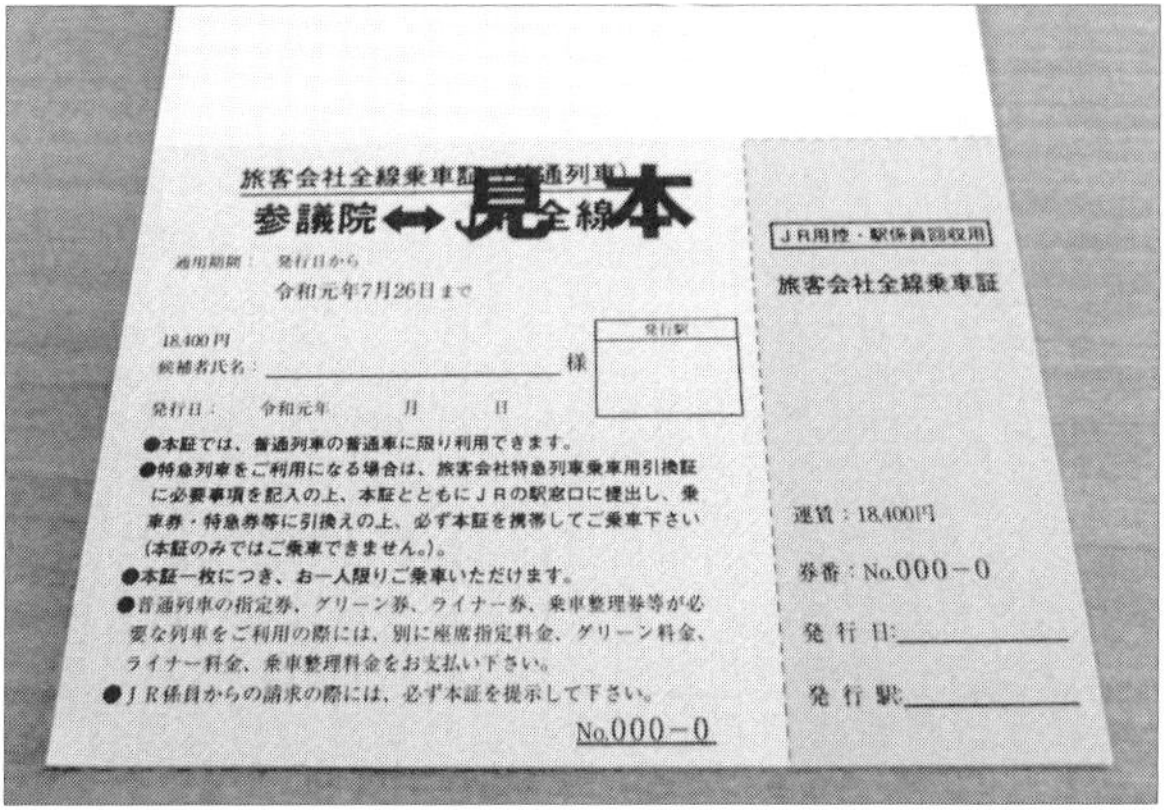

参院選用の特殊乗車券。額面は18400円とある。(筆者撮影)

衆議院の東京選挙区ならば、さほど広くないので鉄道で移動するといっても高が知れている。だが、参議院の全国比例で立候補したら話は変わる。全国比例の選挙区は文字通り、日本全国。北は北海道から南は沖縄まで無料で旅することも不可能ではない。

選挙期間中にそんな余裕がある候補者はいないと思うが、このチケットを使えば、交通費を気にすることなく全国を遊説できるのは事実。新人候補者や激戦区の応援演説に駆り出される党首や幹事長、閣僚、人気議員などはこの〝特殊乗車券・特殊航空券〟をフル活用している。

そうした優れものの〝特殊乗車券・特殊航空券〟だが、一般国民から見て問題がないわけでもない。

〝特殊乗車券・特殊航空券〟は立候補者だけで

なく、一緒に選挙区を回る選挙スタッフが使用することも許可されている。使用にあたっては本人確認の必要がない。つまり、横流ししようと思えば簡単にできてしまうのである。

また、〝特殊乗車券・特殊航空券〟は使用期限にも問題がある。

このチケットの本来の目的は、資金力で立候補者間の選挙活動に差がでないようにすることである。それに準じれば、使用期限は選挙活動が可能な投票日の前日までにするのが筋というものだろう。ところが〝特殊乗車券・特殊航空券〟の使用期限は投票日の前日まででではなく、投票日当日でもない。投票日から5日後、つまり選挙が終わった後も使用することができるのだ。

なぜ5日という猶予を定めたのかというと、たとえば東京選挙区の立候補者が最終日の選挙活動地として、小笠原諸島などの離島に行ったケースを想定しているという。沖縄県や長崎県も離島が多いため、投票日前日までに選挙活動を終えても、事務所に戻るまで1日から2日かかる場合があるという。その帰途を考慮したため、5日後までに設定されたのである。

そうした正当な使い方をしていれば納税者や有権者も納得するが、実際にはそうとは限らない。選挙後にスタッフを連れてこっそり慰安旅行に行っても、有権者は判断できない。そうした不正使用は防ぎようがない。〝特殊乗車券・特殊航空券〟の予算は、参議院選挙1回で約2億6000万円にもなる。その原資は当然、国民の税金である。我々国民はその使われ方に目を光らせる必要があるのだ。

先に触れた国会議員第二の給料と称される「文書通信交通滞在費」は、近年になって問題視されるようになり、一部の政党からは透明化や見直し論も出ている。

他方で、立候補者の特権である〝特殊乗車券・特殊航空券〟は、昭和23（1948）年に制度ができ、昭和25年の公職選挙法成立時にも受け継がれたままになっている。時折、その是非を巡って国会で議論はされるものの、抜本的な解決策は見出せていない。

ちなみに、2019年から導入された特定枠の候補者は選挙活動をしてはいけないことになっている。そのため、〝特殊乗車券・特殊航空券〟は支給されない。

【保守派の鉄道大臣・小川平吉】

駅名標を変えた国粋主義者

昨今、インターネットにおける政治議論は保守傾向が強くなっていると言われる。闇雲に〝日本は素晴らしい〟と書きこむネット論者は〝ネトウヨ〟とも揶揄されるが、インターネットの萌芽もないような明治時代にも保守思想に凝り固まった人物がいた。

その人物が田中義一内閣で鉄道大臣に就任した、小川平吉だ。

小川は国粋主義者であり、日露戦争では主戦論を張ったことでも知られる。また、日露戦争で日本が勝利したにも関わらず、ポーツマス条約でほとんど賠償金を得られないことに腹を立てた市民たちが日比谷を焼き討ちする騒動が勃発したが、一連の首謀者も小川だと噂されたことがある。

そんな国粋主義者である小川が鉄道大臣に就任すると、最初に着手したのが私鉄の開業申請を次々と許可することだった。小川は豪放磊落な性格だったことから、気前よく許可したとも考えられる。他方で、私鉄各社から小川に対して多額の賄賂が贈られたという疑惑もつ

田中義一内閣で鉄道大臣を務めた小川平吉（写真提供：朝日新聞社）

きまとっていた。開業申請を気前よく許可したのは、その見返りというわけだ。
汚職を疑われたのには、きちんとした理由がある。
小川は鉄道大臣を退任する直前にも鶴見臨港鉄道（現・JR鶴見線）、渡島海岸鉄道（現・JR函館本線の一部）、南和電気鉄道（現・近鉄御所《ごせ》線）に免許を与えるなど、大盤振る舞いをした。それらは退任後に汚職として明るみに出て、小川は逮捕・起訴されている。昭和11（1936）年、そのときの大盤振る舞いに有罪判決が下り、小川は政界から引退を余儀なくされた。
小川の収賄行為を擁護するわけではないが、当時の世相として鉄道は利権のオンパレードだった。

小川の前任者だった井上匡四郎《ただしろう》も辞職直前に置き土産のように参宮急行電鉄に山田線（現・近鉄山田線）の免許を付与している。井上の下で鉄道次官を務めていた佐竹三吾は、山手線の外側に環状線をつくろうと計画していた東京山手急行電鉄（現・京王井の頭線）に免許を付与するなど収賄疑惑が囁かれていた。この一件は事件化しなかったが、ほかにも闇から闇に葬られた汚職があったことは想像に難くない。

そうした汚職まみれの鉄道業界において、小川だけが逮捕・起訴されて有罪に追い込まれた理由はなんだったのか？

政治家・小川は人の意見に耳を貸さず、強引に自分の意見を押し通す独裁的な一面があった。

鉄道大臣だった時も、前任大臣の井上が決めた駅名標の「カタカナ左書き」を廃止している。

当時の駅名標は書かれ方にバラつきがあるなど、読みにくい面もあった。そこで横書きカタカナ文の普及活動をしていた「カナモジカイ」が、鉄道省に駅名標の統一を提案。鉄道院は有識者の意見も聞くなどして3年以上もかけて研究し、駅名標を従来のものから「カタカナ左書き」に統一することを決定する。

しかし、その直後に第一次若槻内閣が倒れ、井上が鉄道相を辞任。新たに鉄道大臣に就任

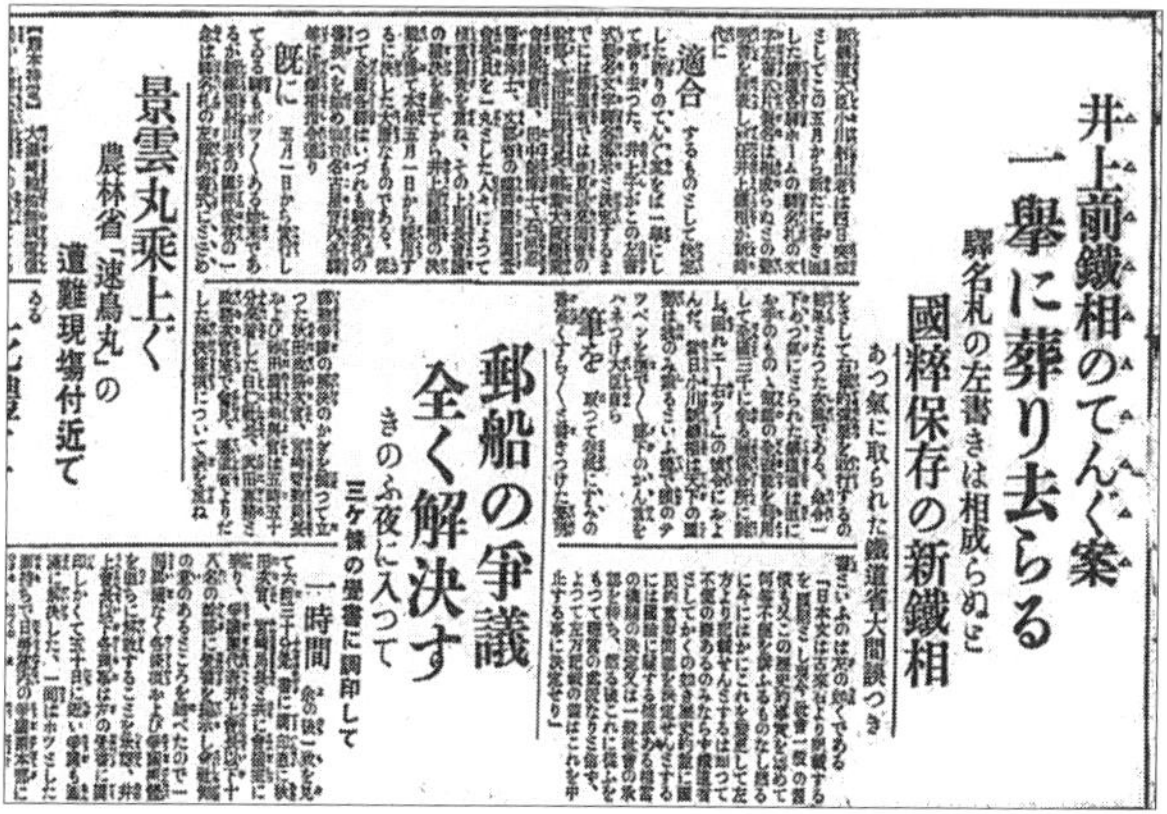
井上前鐵相のてんぐ案
一擧に葬り去らる
驛名札の左書きは相成らぬと
國粹保存の新鐵相
あつ氣に取られた鐵道省大間誤つき

郵船の爭議
全く解決す
きのふ夜に入つて
三ケ條の覺書に調印して

景雲丸乗上ぐ
農林省「速鳥丸」の
遭難現場付近で

駅名標左書き案廃止を伝える新聞紙面（東京朝日新聞、昭和２年５月５日朝刊）

した小川が、すでに決定していた駅名標の変更を独断で破棄したのだ。

小川は「日本文は古来右より記載するを原則とし、現今社会一般の習慣も又この歴史的事実を認めて何等不便を訴ふるものなし」として、カタカナ横書きへの変更を中止。その後、駅名標を「ひらがな右書き」に統一することを決定した。

そこまで右書きにこだわったのは、小川によるとそれが「国粋」に関わるからだった。小川は駅名標の表記を戻す理由を「日本文を右から書くのは、そう書くべき民族的深い理由がある。それを変えるのは、国の文化や歴史、国粋を根底から覆すことになる」などと語ったという。小川の国粋主義への傾倒ぶりが窺えるエピソードだ。

贈収賄疑惑で政界から姿を消した小川だが、現在でもその血脈は脈々と受け継がれている。林銑十郎・吉田茂・鈴木善幸・宮澤喜一といった歴代総理大臣の血脈をたどると小川に行きつく。また、鳩山一郎・岸信介・佐藤栄作・安倍晋三なども小川と遠い親戚関係で結ばれているという。

現在では羽田空港や成田空港、関西国際空港の近辺を走る列車内では、日本語・英語のほかにも中国語や韓国語の文字を見ることができる。鉄道会社の中には、小田急線のように駅名標にハングルを併記する鉄道会社も出てきている。訪日外国人観光客の中でも、中国人や韓国人が多くを占めることを鑑みれば、妥当な措置ともいえる。

小川は昭和17（1942）年に没しているため、戦後の日本社会の歩みを知らない。多くの外国人観光客が闊歩し、街中に外国語が溢れている現在の日本を見たら、きっと小川は卒倒してしまうに違いない。

【第二章】夢の超特急「新幹線」の光と影

新幹線の運転台を見学した昭和天皇

【15分間もの間、熱心にご視察】

昭和39（1964）年、新幹線が開業すると、国鉄や運輸省内ではある議論が起きた。それは「お召専用の新幹線」の製造である。

新幹線には一般利用者だけでなく、天皇皇后両陛下をはじめとする皇室関係者や、海外からやってくる要人も乗車することが想定された。お召列車と同じように、天皇陛下専用の車両を製造すべきではないかとの声が挙がったのだ。

新幹線のお召列車問題は国鉄や運輸省だけでは結論が出せず、宮内庁にお伺いを立てることにした。宮内庁の回答は、意外にもお召新幹線の製造に否定的だった。

戦前、天皇が地方に移動する際の手段は、もっぱら鉄道か船に限られた。しかし、戦後になると交通事情が変わる。自動車が普及し、幹線道路が整備された。天皇は自動車で移動することが多くなり、お召列車の利用頻度は減少したのである。そうした経緯から、宮内庁は「天皇のためだけに新幹線の特別車両を製造することは不経済である」と回答。それを受け、

1965年5月7日、植樹祭に臨席するために新幹線に乗車する昭和天皇と香淳皇后。新幹線初乗車にあたって天皇は特別な希望を出された（写真提供：時事）

お召新幹線は製造されないことになった。

とはいえ、新幹線に乗車中、天皇陛下に万が一のことがあっては重大だ。そのため、お召新幹線とまではいかないが、天皇が乗車する新幹線車両のガラス窓はすべて防弾仕様になっている、とも言われている。

そうした新幹線だが、実は昭和天皇が深くご関心を持っていたことはあまり知られていない。

東海道新幹線の開業式典には、昭和天皇も臨席した。だが、この時はまだ乗車していない。昭和天皇の新幹線初乗車は、開業翌年の昭和40年5月7日。鳥取県で開催される植樹祭に臨席するにあたって、移動手段として新幹線が選ばれた。

昭和天皇は初乗車にあたって国鉄に要望を

出している。新幹線の運転台を見学したい、とご希望されたのだ。それを聞いた国鉄は狼狽したことだろう。新幹線の運転台は運転士以外は立入禁止になっている。だが、むげに断ることはできない。国鉄は熟慮の末、見学に応じる旨を回答した。天皇がわざわざ運転台の見学のために先頭車両まで移動するとは、本気で思っていなかったのかもしれない。

いよいよ乗車当日。昭和天皇を乗せた新幹線は、小田原付近を通りかかった。その時、昭和天皇がおつきの国鉄職員に声をかける。運転台を視察するとのお言葉だった。昭和天皇は先頭車両まで移動し、浜松駅から豊橋駅を通過するまでの約15分間、新幹線の運転台を視察した。初代新幹線0系は、現在の新幹線とは異なり、運転士は2人体制だった。そのため、運転台には2名分の座席があるが、天皇の視察に備えて補助席が用意されていたという。

運転台の補助席に座った昭和天皇は、興味深く運転台を視察するだけでなく、「CTCでは運転もリモートコントロールしていて、運転士は座っているだけか?」といった専門的な質問もしている。CTCは列車集中制御装置のことだが、開業当初の新幹線は東京駅内の指令所もCTCと呼んでいた。昭和天皇が植物学や海洋学に詳しかったことは有名だが、科学技術にも関心が高かった。

天皇陛下は現在でも、国民体育大会や全国植樹祭、全国豊かな海づくり大会といった全国規模の行事に臨席することになっている。新幹線の登場で、それまで長時間かかっていた地

東京駅～新横浜駅間を走行中のお召新幹線。天皇が乗車するお召新幹線には、当初、特別な装飾が施されていたが、後にそれらは廃止されている。

方都市への移動も短時間で行うことができるようになった。

　天皇が乗車するお召新幹線は、他の新幹線と区別できるように車体スカート部分に白線を入れる措置が施されていた。この措置は後に先頭車両のライト部分に青い太線を入れるように変更された。お召新幹線の運行頻度が増えてくると、警備上や経済的な理由からお召新幹線を示す車体デザインの特別措置は廃止された。これによりお召新幹線と一般の新幹線との見た目の違いはなくなった。

　0系新幹線の登場から50年以上が経過し、最新のE7系・W7系新幹線には最先端の技術が注ぎ込まれている。リニア新幹線のL0系も同様だ。昭和天皇がご存命だったら、やはり運転台を視察したいと思うに違いない。

【まさかのストライキで新幹線が運休】
エリザベス女王の新幹線乗車騒動記

昭和39（1964）年10月1日に産声をあげた東海道新幹線は、平成26（2014）年に開業50周年を迎えた。50周年の記念日前後には、テレビ・新聞・雑誌などが新幹線特集を組んだ。鉄道専門誌ならいざ知らず、一般大衆を読者ターゲットにしたマス媒体が「表定速度」といった一般人が知らないような鉄道用語を使って、新幹線のすごさを解説する記事を掲載するのは珍しいことだった。

東海道新幹線は開業から50年間で、約56億人の乗客を運んできた。その中には、来日した海外の要人も含まれている。なかでも、昭和50（1975）年に来日したイギリスのエリザベス女王の乗車体験は新幹線史を語る上で外すことができないエピソードだ。

エリザベス女王は日本を訪問するにあたって、新幹線に乗車することを楽しみにしていたという。イギリスは鉄道発祥の国であり、その国家元首が新幹線に乗車して絶賛するとなったら、日本の鉄道業界にとって出藍《しゅつらん》の誉《ほま》れである。エリザベス女王の来日は、日本の鉄道マンにとって一世一代の大舞台だった。

昭和50年5月7日、イギリスのエリザベス女王夫妻が羽田空港に到着した。イギリスの国家元首の来日は史上初、日本中が歓迎ムードに沸いた。

だが、間の悪いことに国鉄は春闘のストライキの真っ最中だった。国鉄の労使関係は昭和40年代から悪化の一途をたどっており、昭和50年代には両者の対立はピークに達していた。エリザベス女王が羽田空港に降り立った時、国鉄は一部の列車を除き全線運休、首都圏の私鉄の運行も取り止めになっていた。

前年にも国鉄はストを決行しており、その際は新幹線が開業10年で初めて全面運休になった。このままではせっかくエリザベス女王がきたというのに、新幹線に乗ってもらえないおそれがあった。

三木武夫総理大臣をはじめ、木村睦男運輸大臣、藤井松太郎総裁はストの動向に気をもんでいた。木村運輸大臣は閣議後の記者会見でストの中止を呼びかけたが、政府や国鉄首脳の思惑をよそに東海道新幹線は始発から運休になってしまう。

羽田空港に到着したエリザベス女王は自動車で移動したため、その日は国鉄ストの影響を受けなかった。問題は公式日程後のスケジュールだった。予定では、エリザベス女王は公式日程の終了後に、京都や伊勢・鳥羽などを回ることになっていた。東京から京都に向かうには、新幹線を利用するのが一般的だ。国鉄幹部はストを解除させるために奮闘した。だが、そうした努力もむなしく、ストは解除されなかった。当然、新幹線も動かない。政府関係者はこの結果に落胆した。だが、国鉄幹部はそれでもまだ諦めなかった。「予定通り、女王陛下には新幹線に乗車してもらう」として、前代未聞の荒業に打って出るのだ。

新幹線がストライキで運休したのは、運転士が全員、労働組合の組合員だったからである。労働組合は一般職員のためのもので、管理職の職員は参加しない。だったら、その管理職の職員だけで新幹線を動かそうとしたのである。

ストライキの盲点をついた方法だったが、そうした荒業を運輸省が許可するわけがない。結局、女王陛下一行は羽田から政府専用機で伊丹まで飛び、そこから自動車で京都まで移動することになった。木村運輸大臣は羽田空港で女王に会い、帰路は新幹線に乗ることができるよう万全の対策を採ることを約束している。

京都・伊勢・鳥羽を回ったエリザベス女王は、5月12日、日本を発つために名古屋駅に向かった。羽田空港から飛行機で帰国する予定だったので、名古屋駅から東京駅までの移動が、新幹線に乗ってもらう最後のチャンスだった。

関係者の祈りが届いたのか、この時、国鉄のストはすでに終結しており、新幹線のダイヤも平常通りに回復していた。名古屋駅に着いたエリザベス女王は駅の特別室で待機していた

1975年5月12日、名古屋駅〜東京駅を新幹線で移動するエリザベス女王。その裏には関係者の並々ならぬ苦労があった（写真提供：時事通信）

が、「新幹線が入線するところを見たい」とリクエストする。興奮が抑えられなかったのか、早めにホームに立つと集まった関係者に「新幹線はどの方角からくるのか？」と質問までした。

エリザベス女王が乗車する新幹線は、特別列車ではなかった。そのため、16両編成中11号車から16号車まではエリザベス女王夫妻とイギリス政府関係者、外務省職員、国鉄職員が乗車したが、その他の車両には一般乗客が乗っていた。新幹線ホームは乗車券を持つ乗客以外は立入禁止になったが、他のホームにはエリザベス女王をひと目見ようとする見物客が殺到したという。

そのため、政府関係者や国鉄職員はセキュリティに腐心したが、それ以上に大変だったのが荷物の積み込みだった。女王陛下一行の荷物はスーツケースで172個分もあった。それを新幹線が発車するまでの間に積み込まなければならないのだ。積み込みを任された日本通運名古屋支社は、人海戦術で手早く荷物を積み込んだ。女王陛下一行を乗せた新幹線は遅れることなく、名古屋駅を発車している。

エリザベス女王を乗せた新幹線は、ほぼ定刻通りに東京駅に到着した。新幹線を楽しんだエリザベス女王は下車後に「新幹線は時計よりも正確だと聞いております」と称賛した。

エリザベス女王が新幹線に乗車したのは、新幹線が生まれてから11年後のことだった。そのとき走った0系はすでに引退。現在は博物館などに展示されている。

【改軌論争と弾丸列車計画】
新幹線計画は明治に生まれた

東海道新幹線の建設工事が始まったのは昭和34（1959）年。開業までわずか5年という歳月でプロジェクトは完遂した。

東京と大阪を結ぶという巨大プロジェクトが短期間で成し遂げられた理由はいくつかあるが、そのひとつに明治期からすでに新幹線計画が存在し、用地買収や車両の開発などが途中まで進められていたことを見逃してはならない。

最初に新幹線計画を提案したのは、富国強兵を急ぐ陸軍だった。陸軍は1067ミリメートル軌間で建設されている日本の鉄道をすべて1435ミリメートル軌間に改軌することを提案する。軌間が広ければ、それだけ大型の車両を走らせることができる。軍隊の作戦上、食糧や弾薬不足は勝敗の分かれ目でもある。大量輸送の実現は軍隊の悲願だった。

明治25（1892）年に鉄道会議が発足すると軍部の発言力が強まってくる。鉄道会議は鉄道建設の優先順位や経営方針、輸送計画を決定する審議会で、初代議長には陸軍の大物・

鉄道会議議長を務めた児玉源太郎（左）と改軌を提案した谷干城（右）

川上操六が就任している。鉄道会議の歴代議長は川上のほか、寺内正毅や児玉源太郎といった軍人が務めており、それだけ軍の戦略上において鉄道が重要だったことを物語っている。

明治26年に開催された鉄道会議では、陸軍中将で貴族院議員だった谷干城《たにたてき》が改軌について提案したが、建設費用が莫大になることを理由に却下された。1435ミリメートル軌間の鉄道を建設しようという提案はその後も断続的に出たが、すべて却下されている。

改軌に関する議論の風向きが変わったのは、日露戦争後のことだった。

改軌派に強力な論客が現れたのだ。その論客というのは、南満洲鉄道初代総裁の後藤新平である。

後藤新平は台湾総督の児玉源太郎に見出され、

台湾で都市計画に従事した。その時、鉄道整備を手がけたことから、満鉄の初代総裁に就任。明治41（1908）年に内閣直属の官庁である鉄道院が創設されると、初代総裁となった。

その後藤が改軌を主張したのだから、反対派も容易に反論できない。鉄道会議では後藤の意見が採用され、手始めに日本の大動脈である東海道本線・山陽本線の東京駅〜下関駅間を改軌する計画が立てられた。

ところが、計画に着手する前に桂太郎内閣が総辞職することになり、後藤は鉄道院総裁の座を降りることになる。東海道本線の改軌計画も白紙撤回されてしまった。

大正元（1912）年、第三次桂太郎内閣が発足すると、後藤は再び鉄道院総裁に就任。改軌計画はまた動き出すかに思えたが、行動に移す間もなく内閣が倒れてしまう。

潰《つい》えたかのように思えた後藤の改軌への夢は、大正5年に寺内正毅が総理大臣に就任することで復活する。寺内内閣で後藤は3度目の鉄道院総裁に就任することになったのだ。

このチャンスを後藤は逃さず、横浜線の原町田駅（現・町田駅）〜橋本駅間に実験線を敷設。1435ミリメートル軌間で列車を運転させて支障がないかどうかを繰り返し測定した。実験の結果、問題は見つからず、翌年までに改軌するとの方針が決定される。

だが、寺内内閣は全国で発生した米騒動の影響であっけなく崩壊。次に政権を任された原敬は改軌よりも地方への鉄道建設を優先する方針を採った。後藤の改軌案はまたしても覆されてしまったのである。

後藤は昭和4（1929）年、改軌を実現させることなく鬼籍に入った。すると、皮肉にもその後、鉄道業界を取り巻く様相が一変する。

きっかけは中国大陸における動乱だった。

昭和7（1932）年、中国東北地方に満洲国が建国され、関東軍が満洲一帯を支配した。すでに併合していた朝鮮半島、そして満洲に日本国内から多くの物資や人員が運び込まれることになり、東海道本線・山陽本線の輸送力は物足りなくなる。

昭和12（1937）年、日中戦争が勃発すると東海道本線・山陽本線の輸送力はますます足りなくなる。軍部は政府や鉄道当局に「1435ミリメートルの標準軌へと改軌してほしい」とたびたび要請。ついに政府も1435ミリメートル軌間の鉄道建設にゴーサインを出す。

廣田弘毅内閣の前田米蔵鉄道大臣は鉄道幹線調査会をつくり、新しい鉄道構想を詰めていった。

鉄道幹線調査会には、伍堂卓雄《ごどうたくお》元鉄道大臣や山本五十六海軍次官など錚々たるメンバーが集められた。政府・軍部の上層部が実現に動き出したのだから、東海道本線・山陽新幹線に代わる高速列車計画はスムーズに進むはずだった。実際、政府は昭和15（1940）年に新

防空教育にお諭し
統監官・文部省お成り

日滿支の技術總力戰
東京〜下關の興亞〝彈丸列車〟

百六十四名の
大交響樂團
「奉祝樂曲」に樂壇劃期的の總動員

新幹線計画の閣議決定を報じる新聞（「朝日新聞」昭和15年9月28日）

幹線計画を閣議決定している。このとき、初めて〝新幹線〟という言葉が世に送り出された。新聞では国民にわかりやすくするため、〝弾丸列車〟という言葉が使われた。高速鉄道に馴染みのない国民にとって、弾丸のように速く走る列車の方がわかりやすかったのである。

新幹線計画を決定した鉄道大臣・村田省蔵は、大阪商船社長や日清汽船会長などを務めた後に政界入りした人物だった。その経歴から、鉄道よりも海運に長けていたが、大陸での戦争には海運を整備するだけでは勝つことができない。東京から下関を経て朝鮮半島に渡り、中国大陸までの大量の物資を輸送する弾丸列車は、いわば大東亜共栄圏の生命線だったため、村田は計画にゴーサインを出した。

だが、この計画は結局、実現しなかった。建築資材が足りなかったからである。

昭和16年、日本軍の真珠湾攻撃により太平洋戦争が開戦する。日本軍は序盤こそ優位に展開したが、時間が経過するに従い、圧倒的なアメリカの物量の前に劣勢に立たされていった。日本には鉄道を建設する余裕はなかったのだ。

新幹線計画を決めた村田は、戦後にA級戦犯として巣鴨拘置所に収容される。昭和22年に釈放されたが、公職へと復帰するのは昭和27年まで待たなければならなかった。

公職に復帰した村田は、外務省顧問に就任。フィリピンや中国との関係改善に力を尽くしつつも、長らく身を置いた鉄道業界や海運業界でも活躍。しかし、自身が計画に関わった新幹線の姿を見ることなく、昭和32（１９５７）年に没している。

【歴史から葬られた新幹線技術者】

新幹線立役者たちの光と影

明治時代に始まった東海道新幹線計画は、昭和39（1964）年になって実現する。戦後、新幹線計画を推し進めたのが、国鉄総裁に就任した十河信二《そごうしんじ》である。いまでこそ「新幹線の父」と称され、東京駅の18番線・19番線ホームにその功績を顕彰するレリーフが設置されている十河だが、新幹線実現までの道のりは決して平坦なものではなかった。

十河は明治17（1884）年、愛媛県に生まれた。東京帝国大学を卒業後、明治42（1909）年に鉄道院に入庁し、大正12（1923）年、関東大震災で被害を受けた東京復興のために帝都復興院が設置されると、その総裁を務めた後藤新平の誘いを受け、鉄道院から出向。帝都復興に力を振るうことになる。

だが、そこで十河は思わぬ事態に巻き込まれる。復興にともなう土地の区画整理で、蔵前にあった東京工業大学の用地売買が行われた。その土地売買で復興院（当時は内務省復興局）の職員数名が賄賂を受け取ったと報じられる。この疑獄事件では復興局の職員が数名逮捕されたが、その中には十河の名前もあった。十河は一審で有罪判決を受けたが、冤罪を主張し、控訴審で無罪を勝ち取った。だが、その代償は大きく、鉄道院を去らねばならなくなる。

そんな時、十河に声をかけたのが満鉄総裁の仙石貢だった。仙石は十河同様、後藤新平の薫陶を受けており、十河の才能を高く評価していた。昭和5（1930）年、十河は仙石の誘いに応じて、南満洲鉄道に入社、昭和9年まで理事を務めた。

太平洋戦争が終わると、十河は愛媛県西条市長を経て、鉄道弘済会会長になった。その政治手腕は政界でも評判で、幣原内閣の後任として名前が取り沙汰されたこともあった。

そんな折、国鉄を揺るがす大事故が起きる。昭和29（1954）年9月26日、青森と函館を結ぶ青函航路で、国鉄の連絡船「洞爺丸《とうやまる》」が台風15号の影響で沈没。1155名もの犠牲者（死者・行方不明者合わせて）を出す大惨事になった。翌年には「紫雲丸」事故も起き、第三代国鉄総裁の長崎惣之助は、責任をとって辞任。後任選びが難航する中、白羽の矢が立てられたのが、十河だった。

総裁になった十河は、他になり手がいなかったことを盾に、無謀な計画を進めていく。それが後藤新平の悲願だった新幹線の実現だった。

国鉄総裁に就任し会見する十河信二（『風雲児 十河信二伝』）

昭和32（1957）年、十河は国鉄内に幹線調査室を設置し、新幹線計画をスタートさせる。幹線調査室は新幹線の需要予測や工期のスケジュールづくり、予算の獲得交渉などを担当したが、もっとも腐心したのが、国会議員の説得だった。当時、物流の主役は鉄道から自動車へと変わりつつあった。新幹線よりも高速道路の建設を優先すべきだと考える国会議員は多かったのだ。

十河は総理大臣の鳩山一郎をはじめ、石橋湛《たん》山《ざん》、岸信介、佐藤栄作といった自民党領袖《りょうしゅう》のもとを回り、説得を重ねた。その中でも最も説得が難しかったのが、自民党の大物議員の河野一郎だった。河野は鳩山の懐刀で、道路族でもあり、「いまのご時世、線路を引っぺがして道路をつくっている時代」だとして、十河の新幹線計画に真っ向から反対した。だが、十河はそれでも諦めることなく、粘り強く説得。同時にマスコミを通じて世論を喚起させるなどして、外堀を埋めていった。

そうした努力が実り、新幹線計画は徐々に理解を得て、正式なゴーサインをもらうところまできた。しかし、そこでもまた問題が生じる。国鉄が試算した新幹線の建設費用は3000億円超。この数字をそのまま提出すれば、間違いなく新幹線の建設は却下される。そう考えた十河は、見積額を1927億円に下方修正して計画書を提出。昭和33年、十河の新幹線計画はついに認可を受けることに成功する。

昭和34年4月20日、新幹線の起工式が行われ、本格的な工事が始まった。だが、国から得た予算はすぐに底を突く。計画書は建設費用をわざと少なく見積もっていたので当たり前だった。建設途中の新幹線を放置するわけにはいかなかったので、政府は追加で予算を組んで建設を進めた。新幹線の建設費用は最終的に3800億円にまで膨れ上がった。当然、十河はその責任を追及されることになった。

新幹線開業直前の昭和38（1963）年、十河は総裁二期目の任期満了に伴い国鉄を辞職する。

翌年、東京駅で東海道新幹線一番列車出発式が行われた。国民の目の前に立ってテープカットしたのは、十河ではなく、後任の第五代国鉄総裁の石田礼助だった。最大の功労者だというのに、十河はこの式典に呼ばれもしなかった。出発式に十河を呼ばなかった国鉄の対応は国鉄史に残る汚点だ、といまだに憤慨する関係者やファンも少なくないが、それでも十河はマシだった。なぜなら十河と並ぶ〝新幹線の立役者〟とされながらも、まったく光が当たらなかった人物もいるからだ。

それが、技術部門の責任者だった島秀雄である。

島は十河が新幹線を実現させるにあたって、三顧の礼を尽くして迎え入れた技術スタッフである。父の安次郎も新幹線構想を持つ優秀な鉄道技術者で、島は父譲りの優れた才能を有しており、「デゴイチ」でおなじみのD51形蒸気機関車の設計に携わってもいた。戦後は東海道本線で活躍する80系電車を計画するなど、次々と革命的な車両を世に送り出すなどしたが、車両事故の責任をとって国鉄を辞任していた。

新幹線計画を技術面から支えた島秀雄。国鉄を退職後、宇宙開発事業団の理事を務めた（『発展する鉄道技術』）

十河は新幹線を技術的に実現させるためには、島の力が必要だとして、国鉄への復帰を要請。島を国鉄技師長に任命し、新幹線の開発を一任した。

島は早くから電車の可能性を見出しており、新幹線の車両にはその技術が惜しみなく注ぎ込まれた。時速200キロメートルという高速の長距離走向が可能になったのは、その優れた技術があったからだ。

そんな技術面での最大の功労者だった島だが、新幹線の出発式には呼ばれなかった。同日に国鉄で行われた記念式典には十河は出席したが、島はそこにも呼ばれていない。島は十河の総裁任期満了にともない、国鉄を辞めていた。すでに関係者ではないとして、国鉄が招待しなかったのだ。

平成6（1994）年、島は新幹線を実現させた功績から文化勲章を授与された。ようやく、その功績が日の目を見ることになったのである。

安次郎、秀雄と受け継がれた新幹線技術者のDNAは、さらに秀雄の次男・隆にも受け継がれた。隆は昭和30（1955）年に国鉄に入社して鉄道技術者となり、新幹線0系や200系の設計に関わった。さらに台湾新幹線の実現にも尽力するなど、島一族の血脈は日本国内のみならず、世界にも活躍の裾野を広げている。

【資金難を解決させた佐藤栄作の知恵】
佐藤栄作の新幹線資金調達法

昭和33（1958）年末、岸信介内閣は東海道新幹線の早期着工を閣議決定した。建設計画にゴーサインが出たものの、建設予算は国会審議を経なければならない。3月末に新幹線の建設予算は国会を通過する。

このとき、国鉄総裁の十河は任期が切れる寸前だったが、予算通過もあって2期目の続投が決定。引き続き、十河は新幹線実現に邁進することになった。

閣議決定、国会での予算の承認、十河続投と新幹線計画は順風満帆に進んでいた。しかし、肝心の資金の問題は解決したわけではなかった。

当時、国鉄の予算は単年度会計で組まれていた。単年度会計では、長期的な建設計画は立てられない。どうしても調達できる資金に限りが出てしまう。1年ごとに予算を組んでいては、建設はどんどん間延びするだろう。そうなれば、新幹線はいつ実現するのか見当もつかなくなる。ましてや、建設の途中で政権交代したり、経済状況が悪化したりすれば、新

東海道新幹線の資金調達に対して助言を行った佐藤栄作（左）。鉄道省官僚から政界入りし内閣の主要ポストを歴任。1964 年には内閣総理大臣にもなった。

幹線計画は水の泡と消えてしまうかもしれない。これまでにも新幹線計画が何度も白紙撤回されたことを考えれば、十分にあり得る話だった。

そんな状況に突破口を見出したのが、岸内閣で大蔵大臣を務めていた佐藤栄作だった。

佐藤は国会で予算を組むよりも、国際復興開発銀行から融資を受けることを十河にアドバイスする。国際復興開発銀行は、発展途上国の復興や開発促進を目的として設立された国際金融機関である。ここから資金を調達することができれば、政権交代や世界恐慌が起きても新幹線プロジェクトが中止になることはない。建設に長い歳月が必要になる新幹線にとって願ってもない話だった。

国際復興開発銀行から資金を調達するに

は、日本国が契約を交わさなければならない。それは日本が新幹線を実現すると世界に宣言するのに等しい行為だった。国際復興開発銀行との交渉の末、日本は8000万ドル(約288億円)の融資を受けることに成功した。借りた資金は20年をかけて国鉄が返済することになったが、新幹線建設の大きな弾みになった。

国際復興開発銀行からの資金調達をアドバイスした佐藤も、実は新幹線建設に並々ならぬ情熱を持っていた。佐藤は東京帝大を卒業後、鉄道省に入り、鉄道畑を歩んできた。自身でも人間・佐藤栄作は鉄道で形成された、と述懐するほど鉄道に心酔していた。

新幹線計画が動き出した頃、佐藤はすでに政府の重要閣僚になっていた。新幹線計画の実現を願ってやまない佐藤だったが、立場上、ひとつの公共事業にだけ肩入れすることができなかった。そこで佐藤は夢の新幹線計画を実現するために、十河に国際復興開発銀行から融資を受けるという秘策を伝授し、それを実行させたのである。

しかし、佐藤のアドバイスがなければ、国鉄は新幹線の建設途中で資金繰りに困っていたことは間違いない。高度経済成長という社会的偶然が重なったことも大きい。

新幹線が実現していなければ、日本は世界と肩を並べる経済大国にはならなかっただろう。政界・財界・技術者たちの様々な思惑が交錯しながら、新幹線は走り出すことができたのである。

田中角栄の幻影「成田新幹線」の亡霊

【新幹線は地方開発のチャンピオン】

平成27（2015）年、北陸新幹線が金沢駅まで延伸開業した。北海道新幹線も平成28年3月に東京駅から新函館北斗駅まで開業した。今後も新幹線は全国に広がっていく計画だが、日本全国が新幹線を望むようになったのは、1人の政治家の影響が大きい。

その政治家とは、田中角栄である。

昭和39年に開業し、高い評価を受けた東海道新幹線だったが、東京駅〜新大阪駅間からさらに線路を延ばすのに8年もの時間がかかった。新幹線が足止めを食らった理由は、国鉄の慢性的な赤字だった。新幹線を望む声は全国から挙がっていたが、財政難がそれを許さなかったのである。

そんな中、国会で新幹線普及の旗振り役を務めたのが、田中角栄だった。

新潟県の寒村に生まれ育った田中は、太平洋側の都市ばかりが高度経済成長の恩恵を受けていることに歯がゆい思いをしていた。伸び悩んでいる日本海側やその他の地方都市を活性化させるには、首都・東京につながる道路や鉄道を整備するしかない。東京とつながれば、カネ、モノ、ヒトが地方都市にも流れてくる。田中はそうした考えから、東京と地方都市を結ぶ新幹線計画を推し進めていったのだ。

新幹線は仮に人口が少なく、需要が見込めないエリアであっても、追い越しのために待機させたり、故障時に緊急避難させるために、一定距離に駅をつくらなければならない。その距離は、およそ50キロメートルとされている。裏を返せば、産業もヒトもいない地域でも、50キロ間隔で駅ができるということになる。地方の寒村に住む人々は「もしかしたら、うちの村にも新幹線の駅ができるかもしれない」との淡い期待を抱き、「新幹線の駅ができれば、おらが村も都会になる」という輝かしい未来に魅了された。

新幹線の駅を巡り、沿線の市町村では誘致合戦が激化する。そして誘致合戦は、最終的に政治力学によって決着がつけられることもあった。そうして誕生した駅は、〝政治駅〟と揶揄されることが多い。

新潟県の浦佐駅の駅前には、田中角栄の銅像が建てられている。このエリアには、旧六日町の中心駅だった六日町駅と旧小出町の中心駅だった小出駅の2駅がある。この2つの駅はそれぞれ町の顔とでもいうべきものだったが、人口や産業を考慮すれば、どちらの町にも新幹線駅はキャパオーバーともいえる代物だった。

上越新幹線の浦佐駅。周辺は建物もまばらで長閑な風景が広がっている。

しかし、越後湯沢駅〜長岡駅間は50キロメートル以上もあったため、その中間に駅がつくられることになった。六日町駅か小出駅に新幹線を停車させる方針になり、自治体間で誘致合戦が始まったが、どちらも譲らなかった。

この争いを仲裁したのが田中だった。仲裁の結果、新幹線駅は2つの自治体の中間に建設されることになった。これが浦佐駅だったのだ。

国鉄は赤字に悩まされながらも新幹線を次々に計画して建設した。これは田中の援護射撃があればこそだった。田中は新幹線を〝地域開発のチャンピオン〟と呼んだ。日本列島改造論で国民から人気を集めた田中にとって、新幹線は切り札ともいうべきものだったのである。

田中が立案した新幹線計画は、総延長距離7200キロメートルにもなり、それらは「新

浦佐駅の駅前にある田中角栄の銅像（筆者撮影）

全国総合開発計画」に盛り込まれた。現在、金沢駅まで開通し、今後は新大阪駅まで延伸する予定の北陸新幹線の計画もここで練られた。

だが、田中の新幹線計画の中には、幻に終わったものもある。

それが成田空港にアクセスする路線として計画された成田新幹線だ。成田新幹線は橋脚などが建設されたものの、沿線自治体の住民による反対運動が激しく、新幹線が走ることはなかった。

未完のまま放置された成田新幹線の残骸は、京成電鉄の線路に転用された。現在では特急「スカイアクセス」が走って、上野駅～成田空港駅を結んでいる。姿形は変われども、田中角栄の成田新幹線計画は脈々と継承されているのだ。

【新幹線計画を推し進めた鉄道技術研究所】

旧日本軍の技術者がつくった新幹線

東海道新幹線計画が始動する直前の昭和32（1957）年5月30日、国鉄の研究機関である鉄道技術研究所が創立50周年記念講演会を開催した。開会の挨拶で篠原武司所長は、東京～大阪を3時間で結ぶ超特急列車の可能性を発表した。

当時、東京～大阪間では電車特急「こだま」が運行されていた。「こだま」は東京～大阪間を約7時間で結んでいた。「こだま」が初めて運行されたときの衝撃は凄まじかったが、篠原のブチ上げた超特急はそれを上回る所要時間3時間。とても信じられないものだった。

篠原の後、松平精《ただし》、三木忠直《ただなお》、河辺《かわなべ》一《はじめ》、星野陽一という4人の技術者が壇上で講演した。彼らのうち、星野を除く3人には、戦時中に軍部で研究に従事していたという経験があった。

鉄道技術研究所の中原寿一郎所長（当時）は、終戦後に軍が解体される際、陸海軍から技術者たちを大量に研究所に迎え入れている。戦前から戦中にかけて、軍部では日本で最先端の研究が行われていた。軍の解体によってそこで培われた技術が散逸してしまうのは、日本の損失になると考えたのだ。

鉄道技術研究所に招かれた旧日本軍の技術者たちは、次世代の鉄道技術の開発に力を注いだ。創立50周年記念講演会は、いわば彼らの総決算の場であり、登壇した4人の技術者が語る〝夢の超特急〟構想に、集まった聴衆は魅了された。この講演の影響もあり、新幹線は世論を味方につけて計画が進められていく。

国鉄内には当初、１４３５ミリメートル軌間の新幹線を走らせるよりも、輸送力を増やすために東海道本線を複々線化することを優先する案や、別の場所に東海道線を敷設して動線を分散させる案などもあった。しかし、新しい技術に挑戦したいという思いもあったのだろう。鉄道技術研究所はあくまで１４３５ミリメートル軌間という新技術にこだわった。

だが、新技術には失敗がつきものである。多額の税金を投入して開発する新幹線に失敗は許されないため、国鉄内部では新幹線案に必ずしも全員が賛成していたわけではなかった。

鉄道技術研究所は反対派や慎重派の横槍をはねのけたが、まったく譲歩しなかったわけではない。東海道新幹線の最初の車両となった0系は、新技術は用いないというコンセプトで開発されている。

新幹線成功の話は巷間《こうかん》で流布しているが、もうひとつの開発物語がその裏で進行していた。それが小田急３０００形だった。小田急は箱根という一大観光地を沿線に擁する。いまでも

新幹線の技術は小田急 3000 形ロマンスカーにも使われた。この車両の開発者は、鉄道技術研究所の創立 50 周年記念講演会で壇上に登った三木忠直だった。

箱根旅行に向かうカップルや家族連れに特急ロマンスカーは高い人気を誇るが、その人気を不動にしたのが、3000形である。

3000形は1067ミリメートル軌間でも時速145キロメートルで走ることができる俊足が特徴で、この車両を開発したのが、記念講演で壇上に立った三木だった。三木は「車両構造を工夫すれば、1067ミリメートル軌間でも東京～大阪間で4時間半が可能」と主張した。

その三木の主張を聞きつけた山本利三郎が特急列車の開発を依頼する。山本は国鉄を退職した後、小田急に再就職していた。いわば、三木の先輩だった。

小田急の線路は国鉄と同じ1067ミリメートル。高速電車は時代の要請であり、山本は小田急でも高速電車を走らせたいと考えていた。山本の熱意にほだされた三木は、会社の垣根を越えて協力する。

三木と山本の血と汗によって時速145キロメートルで走る小田急ロマンスカー3000形が誕生。誕生時期としては3000形が先行したが、これらは新幹線技術を用いて開発されていた。

日本軍の革新的な技術が新幹線という世界に誇る鉄道を生み、ロマンスなどとは無縁の軍事技術を用いて小田急のロマンスカーが生まれたのである。

【3年以内に400キロの土地を買収せよ】

土地買収で暗躍した新幹線の裏方たち

東海道新幹線は昭和39（1964）年に華々しくデビューした。政府との折衝役は十河信二が、車両などの技術開発は島秀雄が担当したことはすでに述べたが、新幹線は政治家との折衝や車両技術だけで走らせることはできない。新幹線が走るには、線路が必要だった。

新幹線の線路を建設するための土地買収は、事前から困難になることが予想されていた。建設が予定されている東京〜大阪間は約500キロ。与えられた工期は、わずか5年しかない。戦前の弾丸列車計画で約100キロメートルの土地買収が済んでいたとはいえ、工期を考えれば3年以内に残る400キロの土地を買収しなければならなかった。

その無謀ともいえる用地買収の陣頭指揮をとったのが、大石重成である。

大石の名前は、十河信二や島秀雄に比べるとほとんど知られていない。だが、その功績は十河や島に勝るとも劣らないものがある。

新幹線プロジェクトが立ち上がると、大石は国鉄内に新設された「新幹線総局」の初代

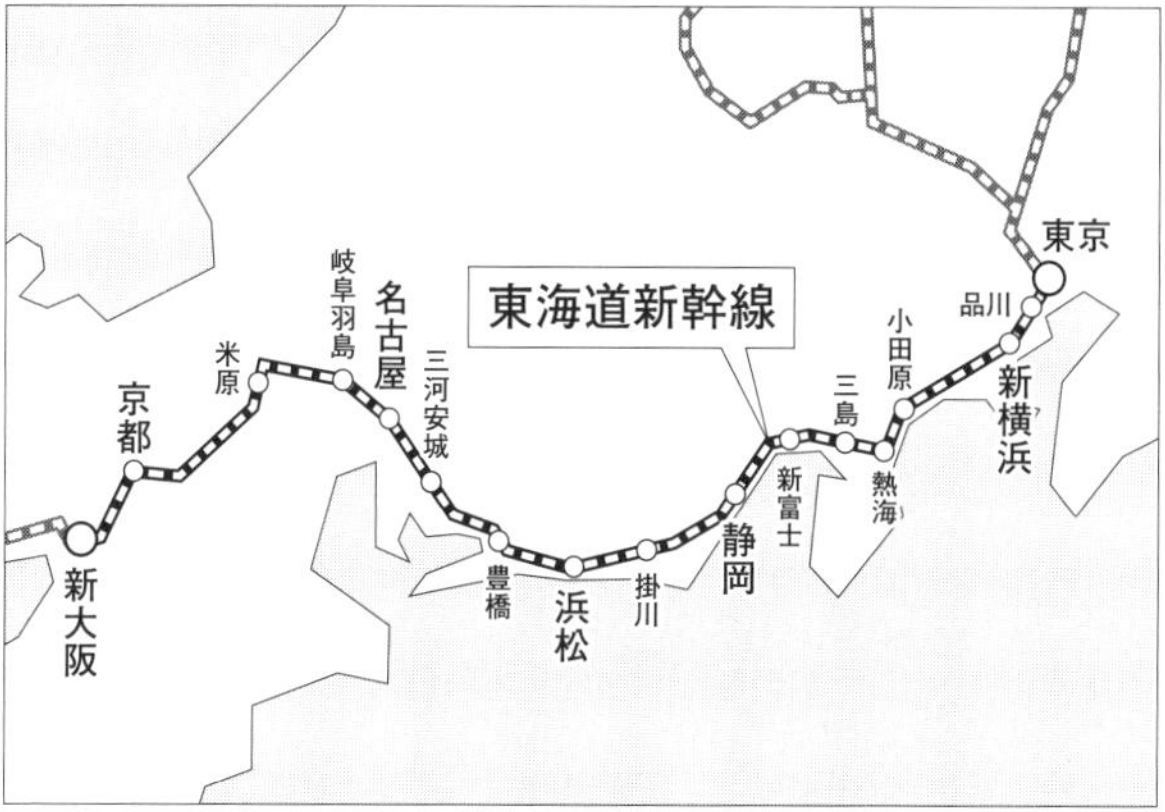

東海道新幹線のルート。この距離をわずか５年で完成させた。

局長に任命される。そこで大石は用地買収を効率化するために、買収済みの土地に新たな土地を縫い合わせていくように線路用地を買収する計画を立てる。地権者の数は約５万人。大石は１２０人もの用地買収専門のスタッフを動員し、片っ端から地権者を訪ね歩かせた。

だが、用地買収は慎重に進めねばならなかった。高度経済成長の影響で、ただでさえ日本の不動産価格は上昇している。買収を通じて新幹線のルートが外部に漏れれば、不動産価格が上がるだけでなく、転売目的で不動産の買い占めにかかる業者が出てくるかもしれない。

また、地権者への情報対策も必要だった。用地の買収価格は土地や地権者によって異なる。買取価格が知られれば、地権者同士が情報交換を行い、買収の際に足元を見てくる可能性もあ

立ち退きを拒否する民家。用地買収は困難を極めた（写真提供：朝日新聞社）

る。かつてない買収劇だが、あくまで秘密裏に進めなければならなかったのだ。

用地買収は苦労の連続だった。新幹線は時速200キロという猛スピードで走るため、線路は直線でなければならない。地権者に断られたからといって、買収担当のスタッフは簡単に引き下がるわけにはいかなかった。

地権者の中には協力的な者もいたが、新幹線の高架を万里の長城になぞらえ、土地が分断されるとして売却に反対する者もいた。用地買収専門のスタッフはそうした地権者を粘り強く説得していった。交渉がうまくまとまっても「支払いは現金のみ」だとして小切手の支払いを拒む地権者は少なくなく、機嫌を損ねてしまったために交渉がイチからやり直しになるケースもあったという。

新幹線は市街地を通らなければ採算が取れない。そのため、市街地では新幹線駅用の用地も買収しなければならない。その中で特に取得に苦労したのが、名古屋駅に到着する直前の土地だったとされる。名古屋駅に続く直線上には、由緒正しき熱田神宮があった。その上空に新幹線を走らせるわけにはいかない、という強い反対があったのだ。結局、国鉄側は熱田神宮上空を通るルートを断念、新幹線の線路は西へとカーブすることを余儀なくされた。

新幹線の線路が通る名古屋駅周辺は、住宅密集地であり、国鉄は１０００戸以上の家と立ち退き交渉をしている。線路用地にかかっていなくても、新幹線の振動によって池で飼っていた高価な金魚が死んでしまったから補償してほしい、乳牛が乳を出さなくなったから補償金を出してほしいといった抗議もあった。

買収が終わった後も、名古屋駅近辺の新幹線建設用地では問題が頻発した。熱田神宮付近の国道一号線は、夜間でも通行量が４万５０００台もあった。高架橋を運び架設する工事では警察官約１００人を動員し、10時間にわたって交通規制をした。

こうした東海道新幹線の苦労は、トンネル技術が発達したことで過去のものとなりつつある。東海道新幹線の次に着手された山陽新幹線はトンネル区間が長い。山を貫くトンネルならば、用地買収は難しくなく、駅周辺以外は建設工事の混乱も少ない。トンネルが多くなったことで用地買収担当者の苦労は取り除かれた。

【騒音と振動にはもう我慢できない！】

名古屋新幹線公害訴訟とは？

東海道新幹線の開業は、沈みつつあった日本の鉄道に新たなる息吹を与えた。だが、その便利さと引き換えに、沿線の住民に騒音と振動を押し付けることにもなった。昭和49（1974）年、東海道新幹線の名古屋駅周辺の住民たちが、国鉄を相手どって裁判を起こした。住民たちは「名古屋新幹線公害訴訟原告団」を結成し、東海道新幹線の騒音や振動によって生活に支障をきたしたとして、その改善と補償を求めたのだ。

東海道新幹線の開業は昭和39年。住民たちが10年も経ってから提訴したのを奇妙に思われるかもしれない。だが、原告団はいきなり裁判を起こしたわけではない。裁判は我慢の末の決断だったのである。

東海道新幹線は開業当初こそ1時間に〝こだま〟が1本、〝ひかり〟が1本の上り下り合わせて計4本が運行するだけだったが、3年後にダイヤ改正が実施され、運行本数が大幅に増加した。名古屋駅周辺の住民たちは当初は騒音や振動を我慢していたが、本数が増えるに

「新幹線はスピード落せ」

騒音、振動もうご免

住宅密集地の沿線住民　大会開き交渉へ

大同製鋼も〝脱東京〟へ

平井、王子の二工場　主力の知多へ集約

名古屋の新幹線公害を報じる記事（「朝日新聞」昭和47年8月2日）

従い、耐えられなくなる。

住民たちは名古屋市に何度も陳情を繰り返した。しかし、行政の腰は重く、事態はまったく改善されない。業を煮やした住民は市民集会を開き、新幹線公害の改善を訴えた。この市民集会は全国にも飛び火し、東京でも新幹線公害を議題とする集会が開かれている。

住民運動がここまで高まりを見せると、さすがに行政も無視できない。名古屋市議会が新幹線のスピード制限を求める意見書を国に提出すると、愛知県議会もそれに同調してスピードダウンを求める請願を採択した。

それらを受けて国もようやく動き出す。環境庁（現・環境省）は騒音を80ホン以下にするように勧告する。

現在、環境省は〝騒音に係る環境基準〟と称して、騒音の基準値を定めている。それによると、住宅集積地や商業・工業用地など大きな道路に面しているエリアの騒音レベルは、昼間でも65デシベル以下に抑えることとされている。ホンとデシベルといった単位の違いはあるが、80ホンは掃除機や洗濯機が稼働しているときの室内騒音と同レベルの規制値だ。

昭和48年、住民らの抗議を受けた国鉄は名古屋駅周辺の公開騒音測定を実施した。そこで出た数値は、80ホンどころか、96ホンという驚きの数値だった。だが、それでも国鉄は特別な対策をとらなかった。だから住民たちは裁判に踏み切ったのである。

原告団は騒音や振動を抑えるために、名古屋駅周辺での新幹線の減速を要請するとともに、騒音と振動によって生じた損害に対する賠償金を求めた。国鉄は「名古屋で減速を認めれば、他の地域でも減速を求められる。そうなれば、新幹線の速達性は失われる」と反論。真っ向から争う構えを見せた。

昭和55（1980）年の一審判決では、名古屋地方裁判所は住民側の主張を認め、損害賠償を国鉄に課した。だが、住民側が求めた騒音・振動の差し止め請求は認められなかった。原告・被告双方は一審判決を不服としてともに控訴。原告は控訴審で譲歩案を示したものの、国鉄側が受け入れずに裁判は長期化する。その後、住民と国鉄は協議を重ね、国鉄は住民の移転費用を負担したり、防音壁などを設置するなどの対策を講じることで和解することになった。

この名古屋新幹線公害訴訟は、住民側と国鉄双方に教訓をもたらすことになった。新幹線の騒音・振動公害に苦しむその他の地域の住民らも、名古屋新幹線公害訴訟を受けて、運動を展開。環境庁が定めた80ホンを掲げて、新幹線に反対した。その影響で成田新幹線は開発中止に追い込まれ、東北新幹線も一部のルートの変更を余儀なくされて開業が遅れた。

国鉄側は訴訟の影響で、騒音や振動対策を余儀なくされた結果、騒音をシャットアウトする新技術を開発し、それらが新型車両の開発にも活かされるようになった。

新幹線で生活が便利になったのは確かである。だが、その裏で苦しんでいる人がいることも忘れてはならない。

【駅前の銅像から見えてくる駅の政治性】

新幹線の我田引鉄と政治駅

多くの人が集まる駅前には、よくその地方を代表する偉人の銅像が飾られていることがある。

水戸駅前の水戸黄門像、小田原駅前の北条早雲像、上田駅の真田幸村像などが代表的だが、その中にはなにか別の目的があって作られたのではないか、と勘ぐりたくなるような銅像もある。

そのひとつが、東海道新幹線の岐阜羽島駅前にある大野伴睦《ばんぼく》夫妻の銅像だろう。

大野伴睦といっても大部分の読者は知らないかもしれないが、自民党の幹事長や副総裁を務めた大物政治家である。昭和39（1964）年に没した時は、地元の岐阜県で盛大な県民葬まで行われている。岐阜羽島駅前にそんな大野の銅像があるのは、新幹線の駅を誘致した功績を讃えたからともいわれている。

岐阜羽島駅の誘致に関して、大野伴睦は自著で「国鉄には圧力をかけていない」と主張し

岐阜羽島駅前にある大野伴睦の像。夫婦揃って銅像化されているのは珍しい。

ている。こうした大野の主張を取り上げて、岐阜羽島駅は政治駅ではなかったと断定する本もある。

だが、普通、政治家はたとえ利益誘導をしたとしても、やったとは言わないものである。とくに大野のような大物政治家になると、自分自身が動くことはマレで、大野派の国会議員や大野を支持する地方議員、あるいは国鉄自身が予算獲得のために大野の気持ちを汲んで水面下で動く忖度とも考えられる。大野の言葉は、決して額面通りに受け取ることはできないのだ。

事実、東海道新幹線の計画が決まると、岐阜県の行政関係者は東京に通い、大野詣を繰り返したといわれる。国鉄の当初の計画案でも、東京駅~新大阪駅間には9駅しか予定されておらず、岐阜羽島駅の名前はなかった。岐阜羽島駅

建設中の岐阜羽島駅。周囲には建物がほとんどない（写真提供：朝日新聞社）

周辺は当時、見渡す限り田んぼで、新幹線の駅をつくる必然性は少なかった。だが、最後の最後に滑り込みで駅がつくられることが決められている。

結局のところ、大野が岐阜羽島駅実現にどこまで寄与したのかは、謎のままだ。

だが、駅前に銅像が、それも大野だけでなく妻と一緒の夫婦像が建立されているのだから、「政治的ではない！」と突っぱねるのは難しいかもしれない。

こうした話は、全国各地に存在する。同じ東海道新幹線でいえば、三河安城駅や新富士駅もそうだし、山陽新幹線の相生《あいおい》駅も、自民党の領袖だった河本敏夫による政治駅との根強い噂がある。

また、博多駅～鹿児島中央駅を結ぶ九州新幹

平成 23 年に鹿児島ルートが全線開通した九州新幹線

線にいたっては、より強引な政治力の介入が行われている。
九州新幹線の建設が始まったのは、平成に入ってのことだ。当時、すでに山陽新幹線は博多駅まで開業しており、常識的に考えれば、九州新幹線の建設は博多駅から少しずつ延伸する形で進めていくものと思われた。そうすれば、主要駅まで到達したところで部分開業が可能になり、収益を上げることができる。実際、令和2（2020）年現在も建設中の北陸新幹線は、平成9年に長野駅まで、平成27年に金沢駅までといったように、完成したところまで随時開業している。
しかし、不思議なことに九州新幹線は、多くの利用客が見込める博多側からではなく、鹿児島側から建設されていった。そうなったのには、

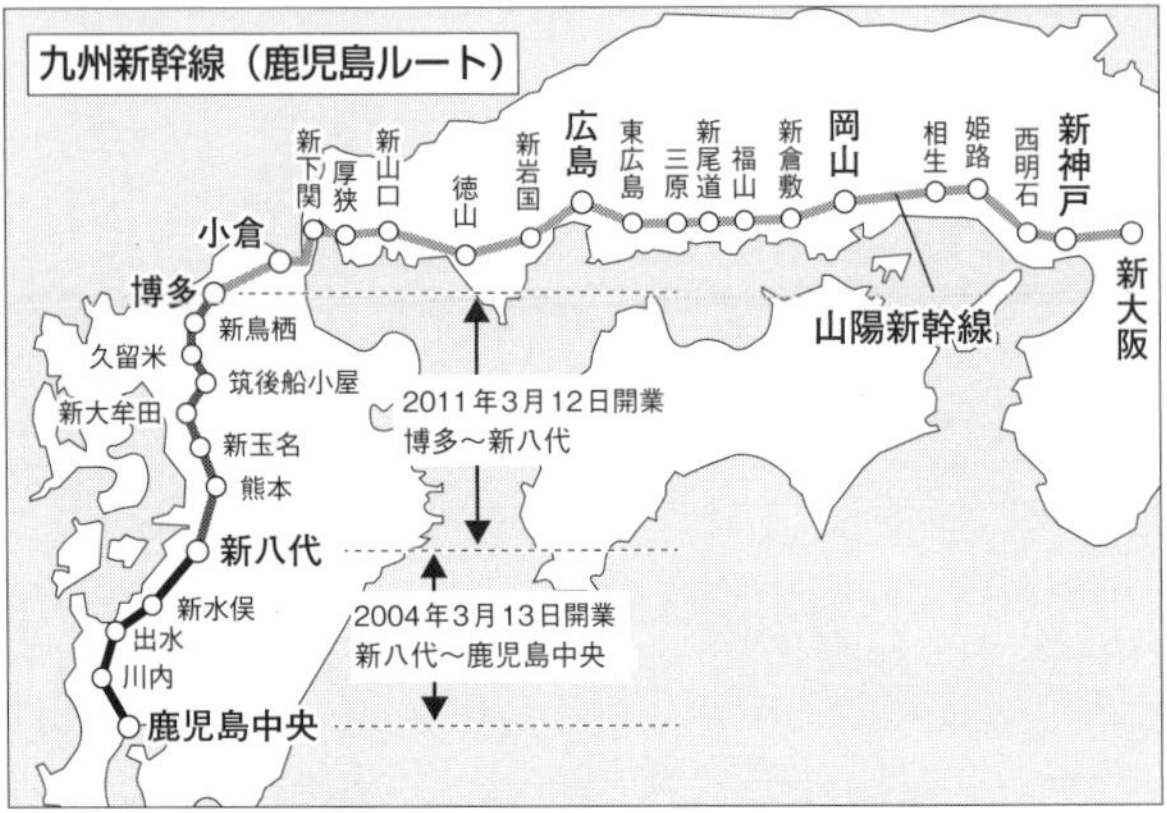

九州新幹線は博多側からではなく、鹿児島県側から建設されていった

自民党議員だった小里貞利《おざとさだとし》の影響があったとも言われている。

鹿児島県出身の小里は、昭和34（1959）年に鹿児島県議に当選したのがきっかけで、政治の世界に入る。当時、鹿児島から上京しようと思えば、丸1日もかかった。陳情で東京に行くたびにそれを不満に思った小里は、国政に転出し、九州新幹線の実現に全精力を傾ける。その執念は凄まじいものがあり、いつの頃からか、小里は世間から〝ミスター新幹線〟と呼ばれるようになる。

だが、そんな小里も当初は、新幹線を鹿児島県側からつくろうと考えていたわけではなかった。

きっかけになったのは、昭和63（1988）年の鉄道総合技術研究所のセレモニーだった。

その会に出席した小里は、ある職員から「鹿児島側から建設してしまえば、政府も九州新幹線を全線開業せざるを得なくなる」とのアドバイスを受ける。

当時、九州新幹線が建設されることはすでに決まっていたが、資金面の問題があり、計画はなかなか進んでいなかった。そのため、博多駅を基点に延伸していけば、採算が取れないとして途中で新幹線の建設が打ち切られる可能性もあった。国に途中で建設を止めさせないためには、博多ではなくあえて逆側からつくるという方法もある、というのだ。

小里はそのアドバイスを参考に、鹿児島側からの建設を着想。政界に強力な働きかけを行っていく。

平成16（2004）年、小里の念願が叶い、新八代駅（熊本県）～鹿児島中央間駅で九州新幹線が部分開業する。そして7年後の平成23年には、博多駅～鹿児島中央駅間の鹿児島ルートが全線開業を迎える。同時に新大阪駅からの山陽新幹線との乗り入れも開始し、新大阪駅～鹿児島中央駅間は最短で3時間45分で行けるようになった。

九州新幹線が全通すると、旅客収入は131億円から498億円に急増した。

「九州に新幹線は無理ではないか？」と陰口を叩かれながらも、人生を九州新幹線に捧げた小里。その悲願はようやく実を結んだのである。

【速さを追い求めた新時代の新幹線】
５００系新幹線の栄光と挫折

東海道新幹線開業時にお目見えした0系新幹線は、先頭車両の丸みを帯びた形状がなんとも愛嬌があり、多くの国民から愛された。だが、速く走るには少しでも空気抵抗を軽減させる必要がある。鉄道の先頭車両は時代を経るごとに、空気抵抗を考慮して流線型へと形を変えていくことになった。

流線型の新幹線といえば、５００系の存在を抜きにして語れない。５００系は平成8（１９９６）年に東海道・山陽新幹線の車両として登場。先頭車両のデザインはこれまでの新幹線のイメージを大きく覆す鋭く尖ったものになった。

新幹線によりスピードが求められるようになった背景には、地方都市に空港が続々とオープンしたことがある。それまで地方都市から東京、東京から地方都市に移動するには、新幹線がもっとも速く、便利な交通手段だった。

昭和50（１９７５）年に東海道・山陽新幹線の全線が開業し、東京駅～博多駅間が新幹線で移動できるようになった。所要時間は最短で6時間56分。国鉄は「東京～博多の日帰り出張が可能に！」と大々的にアピールした。往復に約14時間もかかるので、実際にそんなビジネスマンは存在しなかったと思われるが、東京駅～博多駅の新幹線開業は国鉄にとって大きなアドバンテージになった。

だが、航空機が普及し、全国に空港が整備され始めると新幹線の立場は一気に危うくなる。とくに危機感を募らせたのが、国鉄分割民営化によって誕生し、東京駅～博多駅間の新幹線を所管することになったJR東海とJR西日本だった。

一般的に空港は郊外に建設されることが多く、空港から市の中心部までのアクセスを考慮すると新幹線の利便性が勝る、というケースが多かった。だが、福岡空港は福岡市の中心部にある。これでは新幹線はとても太刀打ちできない。航空会社の攻勢は凄まじく、東京駅～広島駅より西では新幹線は劣勢が続いた。

だが、平成に入るとJRの反撃がはじまる。

平成4（1992）年、JRは東海道・山陽新幹線に東京駅～新大阪駅間を2時間半で走る新たな速達タイプの〝のぞみ〟を投入、利用客の取り戻しを図った。

だが、それでも新幹線は東京～博多間の飛行機とのバトルには勝てなかった。

そこでJR西日本は、新大阪駅～博多駅間で航空機と戦える高速新型車両の開発に乗り出

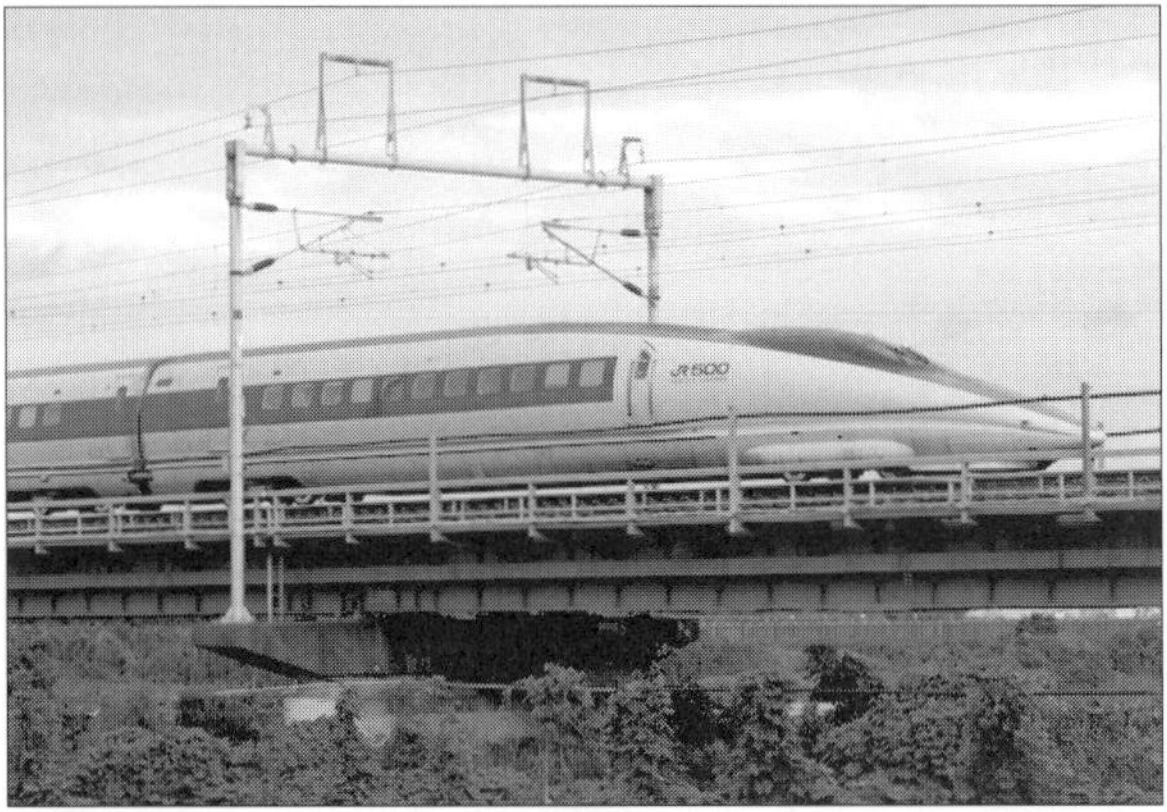

流線型のスタイリッシュなデザインが特徴のJR西日本・500系新幹線「のぞみ」

す。その成果が、冒頭の500系だった。

500系は15メートルにも及ぶ長くて鋭い先頭車両が特徴的で、戦闘機を彷彿とさせるデザインだった。空気抵抗を減らす車両構造など最新鋭の技術をふんだんに盛り込んだ500系は、最高時速350キロメートルという驚異的なスピードで走行することができた。これは当時の新幹線としては最速であり、東京駅〜博多駅間を4時間台で走破した。まさにJR西日本自慢の車両だった。

500系なら東京〜博多間でも飛行機と互角であることをJRはアピールしたかったのだろう。時刻表の新幹線のページには、わざわざほかの新幹線と500系とを区別できるような形で記載されていた。ビジネスマンの中には500系を選んで乗車していた人もいたようだ。

500系から東海道新幹線の主役の座を奪った700系新幹線

既存の鉄道車両のイメージを大きく変えた500系は、その斬新さから鉄道友の会が毎年優れた鉄道車両に贈る「ブルーリボン賞」を受賞し、鉄道ファンや子どもたちからも絶大な人気を誇った。

しかし、スピードを追求するために採用したデザインが諸刃の剣となる。流線型のデザインにしたことから、両端の車両は運転席寄りに客室ドアを設置することができなかった。また、定員数を確保するために車内の座席は前後の間隔が狭くなってしまい、居住性が損なわれた。速さを最優先したことで、乗客に不便を強いる結果を招いてしまったのである。

東京駅～新大阪駅間を担当するJR東海は500系のこうした短所に難色を示した。東京駅～博多駅間の所要時間をすこしでも減らしたいと考えるＪＲ西日本と、ＪＲ東海の思惑はすれ違い、その溝は埋まらなかった。５００系に比べてスピードで劣るが、居住性に勝る後発車両の７００系が増えてくると、５００系は東海道・山陽新幹線の異端児になってしまう。

そんな中、５００系の命運を決めるような重大な出来事が起きる。

平成15（２００３）年、東海道新幹線の品川駅の開業である。停車駅がひとつ増えたことで、スピードを売りにした５００系の存在理由が薄れてしまったのだ。

５００系が手中にしていた東海道新幹線の主役の座は、徐々に後輩の７００系、Ｎ７００系に奪われていった。そして平成22（２０１０）年、５００系は東海道新幹線区間からついに撤退。16両編成だった５００系は８両編成に改良され、現在は山陽新幹線区間を走っている。

【大混雑で乗客が呼吸困難に陥った!?】
新幹線の開業フィーバー狂騒曲

東海道新幹線が開業すると、それまで無用の長物扱いされていた鉄道は息を吹き返すようになる。新幹線にはビジネスマン客を中心に利用客が殺到し、捌き切れないほどになった。想定を上回る新幹線需要にもっとも混乱したのが、切符を販売する窓口だった。

現在、新幹線の販売窓口は機械化されており、手順さえ熟知していれば、自動券売機で数分で購入することができる。また、近年ではオンライン予約システムも進化しており、切符の販売窓口に行列ができる光景もあまり見られなくなっている。

だが、50年前の新幹線開業時は違った。新幹線の切符を買うには窓口に並ばなければならない。窓口には切符を求める乗客で長蛇の列ができ、それでも切符が買えず、新幹線に乗車することができない〝新幹線難民〟まで発生した。

在来線特急ならば、仮に特急が満席で特急券を購入できなくても急行に乗るなり、普通列車に乗車するなりすれば、とりあえず移動はできる。しかし、新幹線はそうはいかない。新

開業から1999年まで運用された東海道新幹線のこだま（0系）

幹線に乗車するには必ず特急券が必要で、しかも当時は全席指定だった。
国鉄は溢れかえる乗客を捌くために、臨時措置として〝こだま〟限定で自由席を設定する。自由席の車両は、立ったままの乗客でひしめきあった。
開業翌年からは〝こだま〟の他に〝ひかり〟にも自由席が常設される。こうして立っても新幹線に乗ることが認められると、国鉄はできるだけ多くの乗客を乗せることで収益を増やそうと考え始める。定員オーバーでも気にせず、国鉄はどんどん乗客を詰め込んでいった。
そうした詰め込みが災いし、新幹線では呼吸困難に陥って倒れる客が続出した。その原因は新幹線の気圧にあった。時速200キロメートルを超えるスピードで走る新幹線は、車内の気

山陽新幹線では乗客を押し込む「押し屋」まで登場（写真提供：朝日新聞）

圧を一定に保つために気密性の高い構造になっている。そうした高い気密性が換気不足の原因となり、乗客が呼吸困難になったのだ。

定員オーバーで運行していた新幹線は、ほかにも不具合を生じさせた。

新幹線の線路が安全に運転できる軸重は16トンまでとされている。国鉄は定員オーバーで運転していた新幹線の重量を明らかにしていないが、重量超過で相当に危険な状態だった。

そのような重量超過の新幹線が毎日のように走っているのだから、線路の劣化は驚異的なスピードで進行する。亀裂の入った橋梁は多数にのぼった。

さすがの国鉄もそうした危険な状態を放置しておくことはできず、昭和49（１９７４）年から臨時総点検の名目のもとに運行本数を減らして線路のメンテナンスを実施。それだけでは抜本的な解決には至らず、昭和51年からは体質改善工事と称して、線路の造り直し工事を行っている。体質改善工事の結果、線路の軸重は19トンまで安全基準が向上した。体質改善工事は新幹線を運行させながら同時に進めていたために、完了までに6年もの歳月を要した。

いまでこそ、新幹線は世界的に見ても事故の少ない、きわめて安全な鉄道だとの認識がある。だが、そうした安全神話は最初からあったものではない。開業当時は違った意味で、ヤバイ鉄道だったのである。

【リニアなんて目じゃない！】

幻の超音速列車構想

ＪＲ東海がリニア新幹線の建設を決定し、２０２７年の開業を目指している。リニア新幹線の速度は、夢の超特急とも称された新幹線のスピードをはるかに上回る時速５００キロ。東京駅〜名古屋駅間を約40分で結ぶとの試算もある。

夢のリニア新幹線が私たちの目の前に現れたのは、昭和52（１９７７）年。宮崎県日向市から都農町にかけての日豊《にっぽう》本線の線路に沿うように、リニア実験線が建設されたことがはじまりだった。当初、実験線は約１・３キロメートルで、リニアが全速力で走れば数秒で走破してしまう距離しかなかった。当然ながらこの実験線では物足りなくなり、実験線はその後、全長７キロメートルにまで延伸される。

昭和62（１９８７）年、石原慎太郎運輸大臣（当時）が宮崎実験線を視察。リニアを体験した石原大臣は、もっと広い敷地で実験することを指示した。

石原大臣の指示で、国鉄は新しい実験場を探すことになり、平成８（１９９６）年に山梨県に新しいリニアの実験施設が完成する。国鉄はすでにリニアは実用段階に入ったと考えていた。だから山梨の実験線はそのまま営業用にも転用できるように建設されている。

まさに目前まで迫ったリニア新幹線の実現だが、実はリニア新幹線計画が始まる前、名古屋でさらなる超高速鉄道の研究が行われていたことは意外と知られていない。

それは「超音速滑走体」と呼ばれるものである。

超音速滑走体を提唱したのは、名城大学の小沢久之丞《きゅうのじょう》教授だった。小沢教授は一流の航空技術者で、戦前は陸軍で四式重爆撃機「飛龍」の設計に携わっていた。だが、戦後になり、日本はGHQによって、航空機の研究開発が禁じられてしまう。

そこで小沢教授が取り組んだのが、超高速で地上を走る乗り物だった。飛行機がつくれないならば、それを超える速度の鉄道を作ってしまおうと考えたのである。

小沢教授の提唱した超音速滑走体は、真空状態のチューブの中をロケットエンジンを動力とする列車で走るというもので、移動速度は秒速700メートルに達するとされた。秒速700メートルは時速換算すると、2500キロメートルに相当する。これは東京～大阪間をわずか14分で移動できる計算だ。にわかには信じられない話だが、小沢教授は実験を繰り返し、昭和43（1968）年には、時速1140キロメートルを出すことに成功した。

翌年、公開実験が行われることになり、見学希望者が殺到した。あまりに大勢の人が詰め

超音速滑走体を手にする名城大学の小沢教授（写真提供：朝日新聞社）

かけたので、大学はキャンパスから実験場までバスを出すほどだった。この実験では時速2535キロメートルを記録、超音速滑走体はマッハ2の壁を打ち破った。

この結果を受けて、小沢教授は昭和45（1970）年に報道陣の前で成果を披露することとした。小沢教授が作成した超音速滑走体は全長1メートル、直径6メートルで重量は6・7キロ。先端は鉛筆のように鋭く尖っており、まるでミサイルのような形状をしていた。

超音速滑走体にはカエルとカメが乗車した。2匹の乗客を乗せた超音速滑走体は1600メートルのコースを走った。かかった時間はわずか7秒。しかし、超音速滑走体はきちんと停止できず、ストッパーに激突。乗客のカエルとカメは死亡し、実験は失敗に終わる。

小沢教授は停止装置に改良を施し、昭和47年に再び報道陣を集めて公開実験を実施する。今度はカエルとカメのほかに、生命力の高いゴキブリが乗客に加わった。改良を加えた超音速滑走体はストッパーに激突することなく、乗客のカエル・カメも見事に生還（ゴキブリは黒焦げになって死亡）。この実験結果を多くのメディアが伝えたため、小沢教授は一躍時の人になった。

しかし、超音速滑走体は実用化されなかった。

なぜ実用化できなかったのか。人間が乗れるほどの超音速滑走体を作るには目が飛び出るほどの巨額の費用がかかることも理由だが、なにより乗車する人間が耐えられないからだ。

超音速滑走体には、40Gもの重力がかかった。これだけの重力がかかれば、乗客は内臓破裂を起こしてしまう。この重力を低減させる技術的な方法はなかった。実用化は不可能だったのだ。

時速2500キロメートルで走る超音速滑走体は、別名「ロケット列車」と呼ばれた。もしも仮に経済面や技術面での問題が解決され、実用化されたとしたら、列車はトンネルの中を走ることになる。

東京～大阪間を14分で結ぶ高速列車は夢のように感じるものの、それが実現すれば鉄道は単なる移動手段でしかなくなる。夢のある鉄道は、見方を変えれば味気ない列車でもある。

【第三章】

戦争が変えた日本の鉄道

【当初は鉄道建設に反対だった軍部】
鉄道の運命を変えた西南戦争

明治5（1872）年、日本で最初の鉄道が新橋駅～横浜駅で開業した。西洋諸国に追いつき追い越せをスローガンに掲げていた明治政府にとって、鉄道は物流を飛躍的に向上させるツールであり、経済力を発展させるために欠かせないインフラだった。だが、そうした政府の思いをよそに、「鉄道は金食い虫」だとして批判的に見る勢力もあった。過去のトラウマから鉄道よりも軍事力増強に金を回すべきだとの意見が根強かったのだ。

そんな彼らの鉄道に対する見方は、明治10年、薩摩藩の精神的支柱だった西郷隆盛が西南戦争を起こしたことで皮肉なことに180度転換する。

鹿児島で挙兵した西郷は、明治政府に不満を抱く旧士族たちを引き連れ、九州を次々と制圧していった。明治政府が発足して以来、日本の軍隊は近代化が進められていた。だが、東京から遠い九州の守りは手薄だった。

明治政府は西郷討伐のために、軍隊を九州へと送り込んだ。この時、使われたのが開業し

開業当初の京都駅。京都～大阪～神戸間の鉄道は明治10年2月に開業した。

たばかりの鉄道だった。当時、鉄道は新橋駅～横浜駅間と京都～大阪～神戸間しか開通していなかったが、明治政府の軍隊は鉄道を利用したことによって、西郷軍が想定していた以上のスピードで大量の兵士を九州に運んだ。西郷軍は交戦準備が整わないうちに政府軍と対峙せねばならなくなり、それが政府軍の勝利につながったともいわれている。

この西南戦争には、後に〝明治陸軍の三羽烏〟と称されたうちの一人、川上操六も従軍していた。川上は鉄道の輸送力を目の当たりにしたことで、〝鉄道は兵器〟であることを実感する。

川上が鉄道に理解を示したことで、軍部は鉄道網の拡大を推奨する立場を取るようになる。そして次第に線路の敷設やダイヤの作成にも口

明治 17 年に欧州を視察した陸軍将校たち（川上操六は後列の左から６番目）

を出すようになった。

明治25（１８９２）年、軍部は鉄道への影響力を強めるために、鉄道会議を発足させる。鉄道会議は政府と軍による鉄道政策の方針を決める省庁横断的な組織で、初代議長には川上操六が就任。それ以降、鉄道会議の議長は軍人が務めることが慣例化していった。

軍人が鉄道政策に口出しすることは政府にとって困りものではあったものの、時にメリットもあった。それは明治22年に開業した甲武鉄道（現・JR中央・総武線）が市街地へ進出したときだった。

新宿〜八王子間を結んでいた甲武鉄道は、需要を拡大させるべく新宿からさらに東へと線路を延ばそうとした。当時の新宿はまだ東京の片隅。日本橋や神田まで線路を延ばさなければ需要を掘り起こすことはできない。新宿のすぐ東側には皇室の御料地・新宿御苑（当時の名称は「新宿植物御苑」）と軍部の青山練兵場がある。これらが障壁となって線路を東へ建設することができなかった。

こうした事態を打開したのが川上だった。川上は江戸城の外堀だった場所に線路を敷設するようにアドバイスを送る。そうなると練兵場のすぐ脇を一般客を乗せた鉄道が通ることになるが、川上は軍事機密が漏洩する危険性には目をつぶり、練兵場からすぐ鉄道で軍隊を輸送できる利便性を優先したのだ。

川上の後押しで、明治27年には新宿駅～牛込駅（現・飯田橋駅の西側）が開通。これらの線路は日露戦争で軍事輸送にフル活用された。日露戦争が勃発すると、甲武鉄道から青山練兵場につながる引き込み線が建設された。各地から送られてくる物資や兵士はいったん東京に集約され、そこから再び全国各地に輸送されていった。

こうした輸送体制が築かれたことで軍事物資は効率的に輸送でき、それが日露戦争に大いに役立つこととなった。

鉄道を理解した川上がいたからこそ、戦争で重要な兵站がスムーズに遂行することができた。川上がいなければ、日露戦争で日本が勝利を引き寄せることは難しく、日本はずっとアジアの小国で留まっていたのかもしれない。

【戦時中に日本軍が行った極秘作戦】

陸軍登戸研究所の偽札輸送列車

　現在、明治大学の生田キャンパスになっている場所は、戦前は容易に立ち入ることができなかった。小高い丘状になった場所に、陸軍登戸研究所があったからだ。

　陸軍登戸研究所では秘密戦に関する兵器の研究開発も行われており、厳しい情報統制が敷かれていた。その中でも限られた者しかその存在を知らず、トップシークレットだったのが第三科、経済戦略を担当する部署だった。その任務は、端的に言うと偽札の製造である。

　国家が成り立つ要素はいくつかあるが、なかでも〝カネ〟は大きなウエイトを占める。独裁的な国家でも、経済がうまく回っていれば国民はさほど不満を抱かない。経済は国家の根幹。国家にとって、偽札は国の信頼を揺るがすウイルスのような存在だ。偽札が出回れば、国民は通貨への信頼を失い、その通貨を保障する国家への信頼も失わせる。偽札を兵器として敵国にばらまけば、経済的なダメージを与えるだけでなく、国内に混乱を引き起こし、戦況を有利に進めることができる。

1948 年の登戸周辺。中央の建物群が旧陸軍登戸研究所（提供：国土地理院）

だが、偽札製造は諸刃の剣だった。もし、軍が主導で偽札を製造していることが露見すれば、日本は世界で信用を失う。日本の紙幣まで紙くずになる可能性があった。だから、第三科の存在はトップシークレットだったのである。

第三科が担当したのは、中国の蒋介石の支配地域で流通していた偽札の製造だった。日中戦争を戦っている日本軍は中国大陸で物資を調達する必要があった。その際、偽の中国紙幣を使えば一石二鳥だったのだ。

偽造された紙幣は10元札、20元札で、中国でインフレが進行すると１００元札や２００元札の偽札も製造されるようになった。戦時中に偽造された元の総額は当時の価値にして約40億円。その頃の日本の国家予算は約２００億円だったので、その5分の1にもあたる偽札が作られて

平和教育登戸研究所資料館（明治大学の生田キャンパス内）所蔵の登戸研究所第三科が製造した中華民国の紙幣（レプリカ）

いたことになる。

登戸研究所が製造した偽札は、中国大陸まで運び、こっそりと日本軍に渡さなければならなかった。多額の偽札を極秘裏に運ぶ役目は陸軍中野学校の卒業生や「阪田機関」と呼ばれる諜報部隊に任せ、現地での流通は「松機関」の諜報員たちに委ねている。陸軍中野学校はスパイの養成機関である。その全容はいまだ謎が多く、完全解明には至っていない。そうしたスパイ組織を使うほど、偽札の流通に軍部は神経を尖らせていたのである。

当時、紙幣を運搬する専用自動車はなかった。仮にあっても使用すれば目立ってしまうから偽札輸送には使用できない。偽札を極秘裏に運ぶには、まず木箱に詰めて人力で運ぶしかなかった。

偽札を運ぶ諜報員は登戸研究所の最寄駅・登戸駅から小田急線に乗って新宿まで行き、そこから山手線で品川駅に向かい、東海道線を乗り継いで長崎まで移動するのが一般的なルートだった。そして長崎から船で上海に渡り、偽札をバラまいたのだ。

当時、登戸には小田急線のほかに南武鉄道（現・JR南武線）も通っていた。長崎まで出るなら南武鉄道を使った方が便利なのだが、なぜか前述の新宿・品川を経由するルートが使われている。なぜ、南武鉄道を使わなかったのか、理由は不明だ。

登戸研究所から長崎までの移動は2泊3日の行程で、月に1回程度、偽札の運搬が行われた。極力目立たない行動が推奨されたことから、運搬に携わるのは常に少人数だった。偽札輸送作戦は軍部にも秘密だったため、列車内で憲兵に尋問されることもあったという。それでも秘密を貫かなければならないから、輸送担当者は気を抜けなかった。

戦況が進むと、長崎以外にも神戸から上海、舞鶴から釜山へと偽札を輸送するルートが確立される。これらは、長崎ルートが壊滅した際のリスクヘッジを兼ねたもので、舞鶴～釜山ルートは日本軍が生命線としていた満洲に偽札を輸送するために拓かれたものだった。

登戸研究所では、偽の元札の他に、偽ドルや偽インドルピーなども製造されていたとされる。だが、その詳しい実態はほとんどわかっていない。偽札の製造や運搬に関する資料は、敗戦後に追及されることをおそれて、そのほとんどが焼却処分されてしまったからだ。

関係者の多くが鬼籍に入ったいま、その謎はますます解明しづらいものになっている。

【わずか１週間で役目を終えた小倉裏線足立駅】

日露戦争後に消えた幻の駅

明治27（１８９４）年、朝鮮半島の権益を巡り、日清戦争が勃発する。

主戦場となった朝鮮半島に兵や物資を送り込む際に使われたのが、開戦直前に広島まで開業していた山陽鉄道（現・山陽本線）だった。軍は兵士を鉄道で広島まで移動させると、広島の宇品港で船に乗り換えさせて、朝鮮半島に運んだ。

当時、清は鉄道の整備が進んでおらず、軍事物資の輸送に手間取っていた。それがひとつの要因となって、日本軍は清を圧倒。戦争に勝利を収めた。日清戦争の勝利は、鉄道という強力な輸送力がもたらしたものでもあったのだ。

鉄道はその後に勃発した日露戦争でも大活躍する。

明治37（１９０４）年、南下政策をとるロシアと日本が朝鮮半島でぶつかり、戦争が起こる。ロシアは当時、世界最強の陸軍国と称されており、日本とは大きな国力の差があった。

強力なロシアの陸軍と戦うためには、日本軍は日清戦争にも増して、大量の軍隊や軍事物資を効率よく、送り込まねばならなかった。この戦争でも軍部は山陽鉄道を活用、日清戦争の時と同様に、広島まで兵士を運び、そこから船で戦地に輸送した。だが、山陽鉄道だけでは輸送力に限りがあるため、九州の鉄道もフル活用している。

福岡県北九州市には、日露戦争のためだけに、足立駅という駅がつくられている。足立駅は、九州鉄道（現・鹿児島本線）の小倉裏線と呼ばれる路線にあった。現在、九州鉄道は国鉄を経てＪＲ九州に変わったが、当時は九州の私鉄にすぎなかった。

九州鉄道は明治20（１８８７）年に設立された、九州初の私鉄である。当初は博多駅〜千歳川仮停車場間の路線だけだったが、筑豊鉄道などと合併し、路線を拡大。中国大陸や朝鮮半島への玄関口だった門司港（北九州市）をはじめ、八幡製鉄所や筑豊炭田といった重要施設を沿線に抱えていた。軍部はロシアとの戦争になれば、北九州が日本の最前線になると考えた。そして、九州鉄道の沿線にある小倉に拠点を置いて戦争の準備を進めた。小倉は軍関係者で賑わい、急速に軍都化していく。

その象徴とも言えるのが、日露戦争の開戦2日前に開業した足立駅だった。

日露戦争開戦の前年、九州鉄道は軍の要請を受けて八代線（現・鹿児島本線）から分岐し、小倉の南部を通って再び八代線に接続する支線を建設する。小倉南部には、陸軍第12師団の拠点や練兵場があった。その将兵を輸送するための鉄道を作らせたのである。

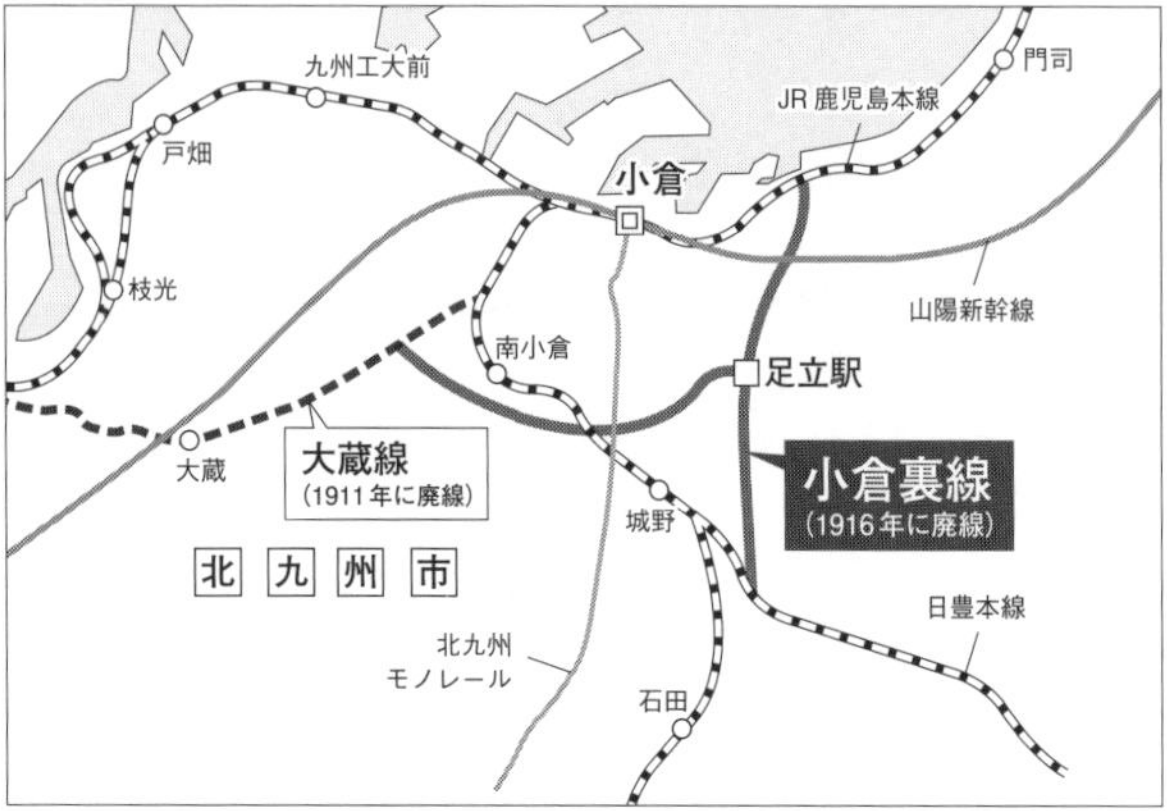

現在の小倉周辺の路線図と小倉裏線。足立駅はこの辺りにあった。

小倉裏線の建設と同時に、将兵が鉄道に乗り込むための駅である足立駅の建設が進められた。足立駅は支線の駅とは思えないほど大規模なもので、日本がロシアに宣戦布告をした明治37年2月8日の2日後に完成。第12師団の兵士を凄まじい勢いで運び出していった。しかし、それから1週間後、足立駅は突如、閉鎖されてしまう。兵士の輸送が一段落し、用済みになったのである。駅は休止扱いとなり、そのまま放置された。一般客は足立駅を利用することは許されておらず、開業から12年目に小倉裏線とともに廃止される。

足立駅の跡地はその後も残されたが、記念碑のようなものが建てられることもなかった。現在ではその痕跡をたどることは難しく、その存在は半ば伝説と化している。

陸軍が変えた京都・奈良ルート

【演習場の架橋を禁ず】

大阪・奈良・京都は日本の歴史を語る上で避けて通れないエリアだ。現在でも、古都・京都と奈良には国内のみならず海外からも多く観光客が訪れている。

そんな由緒ある京都・奈良には、早くから大阪電気軌道（大軌）が路線を有していた。大阪〜京都や大阪〜神戸、大阪〜和歌山を結ぶ私鉄は存在したが、大阪〜奈良を結ぶ私鉄はそれまで存在しなかった。大軌は関西の大手私鉄の中では最後発だったことから、大阪と奈良を結ぶ路線を計画して電車事業に参入する。

こうして関西には官鉄のみならず、私鉄が競うように路線を張り巡らせていった。京都と奈良は明治期から人気の観光地だったが、この2都市の間には現在のJR奈良線である官営鉄道が営業をしているだけで私鉄はなかった。

独占事業で、しかもお上が経営する鉄道だったこともあり、サービスに力を入れるという概念は乏しかった。官鉄の京都〜奈良間は蒸気機関車のみの非電化区間で、運転本数は少なく、利便性も低かった。

そうした交通の便の悪さが奈良の発展を阻害していると考え、そこに電車を走らせようとしたのが、地元有力者で衆議院議員の長田桃蔵《おさだとうぞう》だった。

長田は京阪電鉄（京阪）の経営陣の一人だった太田光凞《みつひろ》を誘い、大正8（1919）年、奈良電気鉄道（奈良電）を発足させる。奈良電は建設費をできるだけ圧縮するべく、京阪の中書島《ちゅうしょじま》駅と大軌の奈良駅を結ぶ計画にし、京阪と大軌の共同出資を仰いだ。

当初、宇治経由の路線が計画されたものの、これだと省線との競争で不利になるとの意見が相次いだため、経営陣は伏見経由にルートを変更して計画を進めた。ところが、これでも建設資金が足りず、計画は京阪の宇治駅から大軌の西大寺駅までに縮小されることになった。計画を練るのに時間がかかり過ぎたため、建設に移る頃には社会状況が大きく変わっていた。

京阪は盛況で、運転本数を増やしていた。増発した電車は本線を走ることになった。そうなると、奈良電との乗り入れは物理的に難しくなってしまう。京都に乗り入れできなければ、観光客が取り込めないため、奈良電の経営は苦しくなることが予想された。奈良電は乗り入れの方針を変更して、独自で京都進出を図るしかなかった。

しかし、京阪の協力が得られなくなったため、建設費用が不足してしまった。そこで奈良電は、官鉄の線路付け替え工事で使われなくなっていた土地に目をつける。そこを安く払い下げてもらい、再利用すれば建設費を安く済ませることができると考えたのだ。

奈良電はそうして官鉄から払い下げを受けたことで、ようやく建設の目処をつけることができた。

だが、そこで陸軍が横槍を入れてきた。

奈良電は宇治川に鉄橋をかけようと考えていた。それに対して、陸軍からストップがかかる。「宇治川は陸軍の演習場であり、訓練の邪魔になるので橋脚を立てることを禁ず」と通達してきたのである。計画では奈良電は宇治川に7本の橋脚を立てて橋を建設し、その上に線路を敷くつもりだった。陸軍の無理難題により、奈良電の建設計画は暗礁に乗り上げてしまう。

奈良電の経営者たちは、それでもなんとか線路をつくろうと協議を重ねた。そうしてひねり出したアイディアは、橋脚を必要としないトラス橋で架橋しようというものだった。トラス橋は高度な技術を必要とする上、建設費用も高くなる。だが、奈良電にはこの方法しか残されていなかった。

昭和3（1928）年10月、当時の技術の粋を集め、宇治川に164・6メートルのトラス橋「澱川橋梁《よどがわきょうりょう》」が建設された。この橋は単純トラス橋として現在でも国内最長の橋梁で

京都市伏見区の宇治川にかかる「澱川橋梁」。橋の設計は当時の日本を代表する橋梁設計者の関場茂樹によるもので、架橋工事は大林組が担当した。

ある。完成した橋があまりに立派だったので、目にした工兵隊の部隊長は「橋脚1本ぐらいなら、建ててもよかった」と漏らしたという。

だが、トラス橋を完成させ、京都の目前まで迫ったとき、奈良電をさらなる悲劇が襲う。京都市内の酒造業者から鉄道建設を反対されてしまったのである。

奈良電は伏見付近から京都市中心部まで地下線を通そうとしていた。この地下線に対して、酒造業者は水脈が枯れることを危惧して猛反発したのだ。

京都市は道路と鉄道を、立体交差させるように要求していた。地上線でも地下線でも建設できないのだから、奈良電は京都市内へ高架線で乗り入れするしかなかった。

苦労の末、ようやく京都までの線路が完成。

しかし、予想されたほど奈良電には乗客が集まらなかった。利用者が多くなかった最大の原因は、商都・大阪に奈良電の線路がつながっていなかったことだった。奈良電は利用者を増やすべく、子会社として京阪急行電鉄を設立して大阪進出を目指した。だが、建設費が捻出できず、計画は途中で頓挫した。

京都～奈良間を結んだ奈良電は、戦後に経営が悪化。昭和37（1962）年に、近鉄の傘下に入った。奈良電は近鉄の京都線となり、昭和43（1968）年には京阪との相互直通運転は中止された。

戦前は陸軍の横槍を受けた奈良電だったが、戦後になると近鉄と京阪という二大私鉄の板挟みにされ、苦しい立場に置かれた。

だが、昭和63（1988）年に京都市営地下鉄烏丸線が竹田駅まで延伸すると、京阪との直通運転が再開。奈良電の悩ましい歴史は、すでに過去のものになっている。

戦時中に地図から消された駅

【アメリカ軍の目を欺く戦時改描という作戦】

つくばエクスプレスの北端・つくば駅からタクシーで10分。筑波研究学園都市のなかに国土地理院はある。国土交通省下の特別機関とされる国土地理院は、戦前まで陸地測量部と呼ばれる陸軍の外局だった。陸地測量部に課せられた使命は地形を測量し、地図を作製することだ。地図製作は一見、戦争とは無縁に思えるが実際は、軍事上かなり重要な任務だった。

大正3（1914）年、第一次世界大戦が勃発すると、日本の軍部は敵軍による本土襲来に備えて、戦時改描を盛んに行った。戦時改描とは、重要施設を隠すために地図を描き代える行為で、敵を欺く情報戦の一種である。

この時の戦時改描の対象になったのは、天皇が住まう宮城や軍事施設が中心で、地図上、該当施設のある場所を空白にしていった。こうした手法は〝省略改描〟と呼ばれる作業で、簡単に地図を改描できる。

だが、省略改描にはデメリットもあった。重要施設は郊外にばかりあるのではない。都心

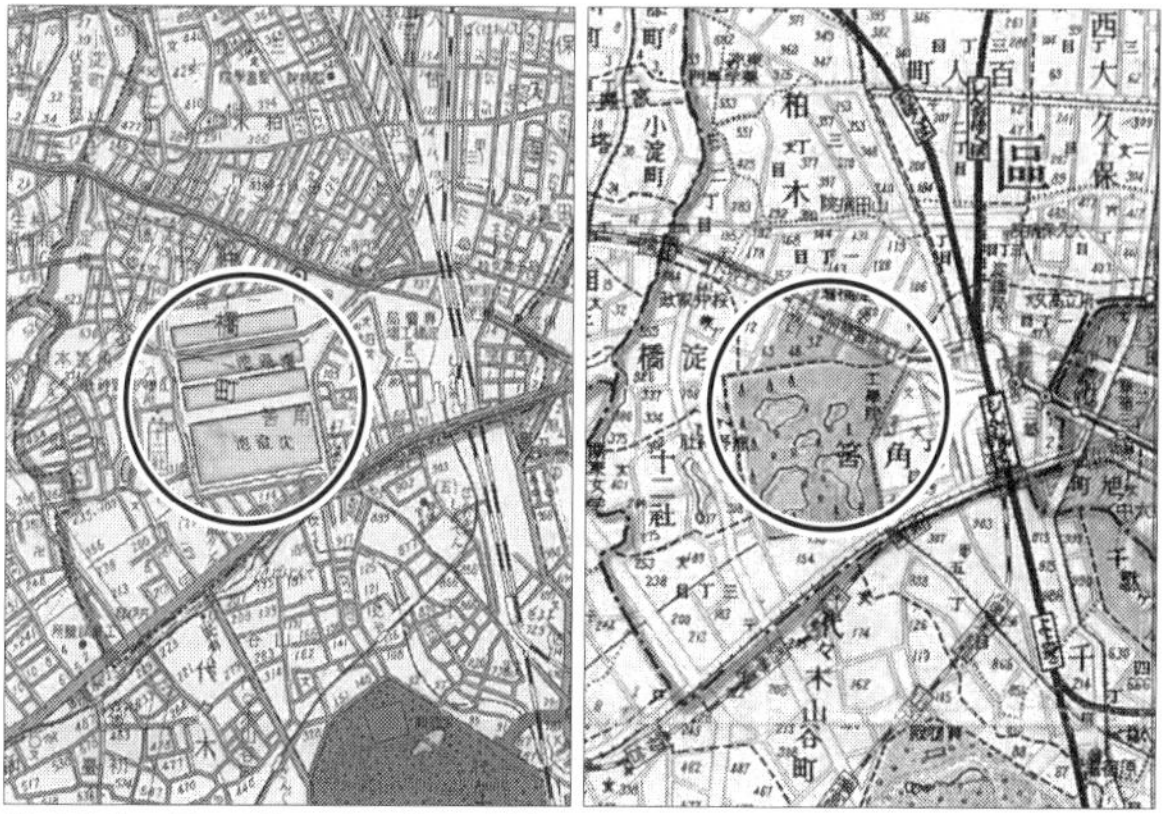

戦時改描の例。昭和 7 年の地図（左）ではしっかりと細部まで描かれていた浄水所が、昭和 16 年の地図になると池のある広場に改描されている。

部にもたくさんある。

それらを空白に書き換えていくと、東京の都心部に不自然な空白地ができることになる。守るために行った改描が、逆に重要施設を危険にさらすおそれがあったのだ。

〝省略改描〟のデメリットに気づいた軍部は、より手のこんだ改描法をとるようになる。重要施設を別のものに描き換えるようになったのだ。この新しい戦時改描によって、東京の都心に桑畑などが出現。飛行場や銅山、ダム、発電所なども改描対象になった。

昭和16（1941）年に太平洋戦争が始まると、年を追うごとに改描の対象施設は増えていった。鉄道の駅や線路も敵軍から攻撃される可能性があるとして、次々と地図から消されていった。

だが、地図上から駅がすべて消えれば、明らかに不自然になる。そこで軍部は地図上の駅の名称を変えることで、敵の目を欺こうとした。「○○工場前」「○○火薬庫前」といった軍が連想されるような駅名はことごとく変えられた。たとえば、東京市電の「海軍大学校前」は「上大崎二丁目」に、小田急線の「通信学校駅」は、「相模大野駅」に変えられている。

東京や横須賀、名古屋、大阪、呉、小倉などの大都市には、軍事関連施設が多かった。そのため、これらの都市の地図という歴史書は、戦時改描によって狂わされることになった。戦前の地図は後世になり研究が進められているが、どの地図が当時の正確な情報に基づいて描かれているのか、わからないことも多いという。

後世の人々も悩ませる日本軍の改描作戦だったが、実際のところ、その効果はどれほどのものがあったのか。残念ながら、陸地測量部が涙ぐましい努力を重ねたにも関わらず、作戦の効果はほとんどなかった。アメリカ軍は日本軍の戦時改描を見抜いていたからである。

アメリカ軍は、日本軍の捕虜から情報を聞き出すと、上空から日本の都市を撮影。その写真をもとに、精度の高い地図を作り上げていた。本土爆撃はその地図を使って行われたため、アメリカ軍は弾薬の節約に成功。少ない爆弾で日本本土を焦土に変えていった。

現在、軍事衛星やＩＴ技術が進歩したことにより、地理情報は即座に取得できるようになった。戦時改描のようなアナログな手法はもう通用しなくなっている。

【池袋駅発・グラントハイツ行きの特別列車】

進駐軍のための鉄道「啓志線」

昭和20（1945）年8月15日、3年8ヶ月に及んだ太平洋戦争は日本の敗北で幕を閉じる。だが、日本人には敗戦のショックに打ちひしがれている時間はなかった。アメリカ軍を中心とする連合軍が次々と進駐してきたからである。

連合国軍最高司令官総司令部（GHQ）は、連合軍や兵士の住居に使用するために、日本各地の軍事施設や富裕層の住宅を矢継ぎ早に接収していった。だが、それだけでは兵士の住居は足りなかった。日本に駐留した連合軍の数は推定約40万人。それらの兵士を収容できるだけの住宅を確保しなければならなかった。

そこで、GHQは日本政府に約1万6000にもおよぶ占領軍専用の家庭用住宅の建設を命じる。占領軍の家庭用住宅はデペンデントハウス（DH）と呼ばれる集合住宅で、量産が可能な簡易な設計になっていた。

政府は戦争処理費として計上していた予算190億円のうち、占領軍住宅の建設費だけで約5分の1にあたる40億円を費やした。戦争で多額の戦費を使っていたため、日本政府は金欠に苦しんでいた。それにも関わらず、ＧＨＱは戦勝国という立場から、無理難題を押し付けてきたのだ。

初期の占領軍住宅は、都心部に建設された。国会議事堂前に造成されたリンカーン・センターが代表的なものだが、その規模は決して大きくはない。小規模な占領軍住宅になった背景には、当時の日本の資材不足があった。大型の占領軍住宅をつくろうにも、材料がなければどうしようもない。

その後、ＧＨＱがアメリカから資材を緊急輸入したため、材料の問題は解決する。次に問題になったのは、どこに占領軍住宅を建てるかだった。

東京の都心部には、大型の占領軍住宅を建てられるような空き地はない。かといって、利便性を考えれば郊外につくるわけにもいかない。そこで白羽の矢が立てられたのが、代々木練兵場だった。代々木練兵場は陸軍の演習場で、敷地面積は27万７０００坪もあった。都心からもほどよい距離にあり、占領軍の住宅を建てるにはうってつけの場所だった。代々木練兵場には、８２７戸の占領軍住宅が建てられ、ワシントンハイツという名前がつけられた。

また、同じく陸軍が有した成増飛行場には、１２６０戸の住宅が建設された。こちらは、グラントハイツと呼ばれた。

1948年頃のワシントンハイツ（提供：国土地理院）

だが、成増は少し足を延ばせば埼玉県。都心の勤務先からは遠く、最寄駅の東武鉄道東上本線の上板橋駅まで徒歩で20分以上かかった。いくら広い住宅地が確保できても、通勤の便が悪ければ兵士たちは住みたがらない。

そこで交通アクセスの悪さを改善するべく、GHQは東武東上本線の上板橋駅から分岐する支線を建設する。これは俗に啓志《けいし》線と呼ばれたが、もともとは陸軍が成増飛行場に兵器・弾薬を運ぶための貨物列車を走らせていた専用線を転用したものだった。

昭和21（1946）年、上板橋駅から啓志駅までの約6・3キロメートルが開業した。開業の翌年には、占領軍兵士たちがこぞってグラントハイツに入居した。

グラントハイツの住人が増えると、東武東上

1949年のグラントハイツ。矢印で示したのが啓志線（提供：国土地理院）

線池袋駅からグラントハイツ行きの列車は約30分間隔で運行されるようになる。東武鉄道東上線はすでに電化されていたが、啓志線は非電化路線だった。東武鉄道には電車しかなかったので、ＧＨＱは東武鉄道と同じ１０６７ミリメートル軌間だった国鉄から車両を借りる。国鉄が貸し出したのはキハ４１０００形という車両で、ガソリンを燃料として走った。国鉄からは10両の車両がＧＨＱに貸し出されることになり、グラントハイツ発着の列車は頻繁に運行された。

現在の東武東上線は池袋駅発着で、そこから都心に移動するには山手線や丸ノ内線、有楽町線などに乗り換えなければならない。当時、丸ノ内線と有楽町線はまだ存在しておらず、都電19系統が池袋駅東口と東京駅八重洲口とを結んでいた。

ＧＨＱは丸の内にオフィスを構えていた。いちいち山手線や都電に乗り換えるのは面倒だと感じていたのだろう。ＧＨＱはグラントハイツから東京駅まで直通する列車の運行を希望した。グラントハイツを出発した列車は東上線の線路を走り、北池袋駅付近から山手線に入って品川駅経由で東京駅まで乗りつける。そんな構想をＧＨＱは描いたのである。

ＧＨＱはそんな無茶なルートの要求のほかに、「本数を増やせ」「もっと終電を遅くしろ」といった要求もしてきた。日本は戦勝国には逆らえないので、ダイヤ作成担当者は相当苦労したようだ。

啓志線はその存在こそ認められているものの、軍関係の列車であるがゆえに運行情報などの詳細は謎に包まれている。ミステリアスな鉄道と言えるだろう。

【金属供出のために単線化せよ！】
戦争のために線路を奪われた鉄道

日本の鉄道は軍事利用と殖産興業の兵商二途によって発展してきた。もともと資源が乏しい日本は、太平洋戦争が長引くと物不足が深刻化。軍部は国民に「欲しがりません、勝つまでは」のスローガンを掲げさせ、質素倹約を奨励した。国民の移動も当然ながら制約された。原則として100キロメートル圏内の移動しか許されず、不要不急の旅は禁止された。

日本国内では石油などの燃料だけでなく、兵器製造に必要な鉄も不足していた。台所事情が苦しくなる中、軍部はあるものに目をつける。それは鉄道の線路である。線路にはレールなど多数の鉄が使われている。鉄不足に頭を悩ませる軍部にとってみれば、宝の山だった。

とはいえ、闇雲に線路を引っぺがすと、輸送の面でデメリットを受ける。軍部は鉄道の輸送体系の見直しを図り、なくなってもさほど影響がないと思われる路線を不要不急路線と位置づけ、需要に応じて廃線にしたり、複線区間を単線にするなどして、鉄を調達した。

金属供出の悲劇に遭った代表的な路線である御殿場線

金属供出の悲劇に遭った路線で有名なのが、神奈川県の国府津《こうづ》駅から静岡県の沼津駅を結ぶ御殿場線だろう。御殿場線はいまでこそローカル線然としているが、開業当初は日本の大動脈である東海道本線の一区間だった。

栄光の東海道本線が一ローカル線に転落したのは、昭和9（1934）年。それまでの東海道本線は国府津駅から険しい山々を迂回するように線路が敷かれ、御殿場を経由して沼津駅へと至るルートになっていた。

だが、土木技術が進歩したことで、御殿場線の区画の見直しが行われる。山をわざわざ迂回するのではなく、山をブチ抜いてトンネルを掘り、東海道本線を直線化した方が効率的だ、ということになったのだ。トンネル工事はすぐに着手され、丹那《たんな》トンネルが完成、熱海駅〜沼津

阪急電鉄の嵐山線も軍部に単線化された（© ゴスペル / PIXTA）

駅がつながった。それまで国府津駅～熱海駅間は東海道本線の支線という扱いだったが、トンネルによって一躍、東海道本線に昇格する。

一方、国府津駅～御殿場駅～沼津駅は御殿場線に名前を変える。特急列車がバンバン走る大動脈の東海道本線から外されてしまったのである。

御殿場線は軍部によって、不要不急の路線に指定される。ローカル線に転落したのだから、複線である必要はないとして、御殿場線は昭和18（1943）年に単線化された。

こうした軍部の強制的な資材徴収により、廃線に追い込まれた路線は合計305・1キロメートルにもなった。廃線は免れたものの、御殿場線のように単線化された区間も11区間あった。全区間を単線化された手宮線のような路線もある。

国に協力する、という大義名分で線路を引っぺがされたのは、官営鉄道だけではなかった。私鉄も国家権力には抗えず、いくつかの路線が泣く泣く単線化させられている。

その代表格が、京阪神急行（現・阪急）の嵐山線だろう。

嵐山線は現在、紅葉のシーズンになると観光客で賑わう一大レジャー路線になっている。この路線が単線化されるほど需要が少なかったのか、と疑いたくなるが、戦時中は旅行が制限されていたのでさほど需要は高くなかったのであろう。レジャーにうつつを抜かしているような路線はけしからん、という懲罰的な意味合いがあったのかもしれない。

軍部による線路を引っぺがす作業は、昭和18年から翌年にかけてのわずか2年の間に強行された。日本軍の真珠湾攻撃によって太平洋戦争が始まったのが昭和16年だから、日本は開戦から2年程度ですでに資材不足に陥っていたことがわかる。

戦争相手のアメリカは当時、世界最大の物量を誇った国だった。こうした状況では、戦争に勝てるはずがない。鉄道会社は強制的な金属供出に泣かされたが、そうした国の姿勢に敗戦を予感した鉄道員も多かったのではないだろうか。

ちなみに、戦時中に単線化された御殿場線と嵐山線は、戦後になっても線路が戻されることはなかった。2020年現在も、単線のままで営業を続けている。

【焼け野原に現れた謎の電車】

住宅不足を補った電車住宅

東京の至るところを走っていた都電は、昭和30年代後半から続々と廃止されていった。現在、都電は荒川線ただ一線が残るだけとなり、その姿を見て昔を懐かしむという人も多い。都電は都民の足でもあったが、時に生活の場にもなった。それは、生活空間に入り込んでいるという意味ではなく、文字通り、都電を住処にしていたのである。

都電に住んだ人が多かったのが、墨田区や江東区の一帯だった。このあたりは東京大空襲の被害が大きく、多数の死傷者が出ている。街は灰燼《かいじん》に帰し、戦後復興は難航した。政府は進駐軍住宅の建設を優先したために、国民の住宅建設まで手が回らなかった。

そこで自治体は、日本軍が使っていた兵舎や倉庫を転用し、そこに戦災で家を失った人々を住まわせた。これらの住宅は〝転用住宅〟と呼ばれ、進駐軍の一部の兵士も入居した。だが、倉庫はもともと人が寝起きすることを想定してつくられていない。そのため、住み心地は決して良いとはいえず、進駐軍の兵士には不評だったという。

戦後に登場した電車住宅とその暮らしぶり（右下）（『昭和鉄道史』）

東京に限っても、家を失った人は大勢いた。倉庫や兵舎には限りがあるため、転用住宅だけではそれらの人々を収容することができなかった。

そこで自治体は、老朽化した都電の車両を住宅に転用することにした。これが「電車住宅」である。

都電の車両に一般市民を住まわせることに抵抗があったのか、それらの多くは官舎、つまり公務員用の住宅に充当された。電車住宅には、公務員の他に、母子家庭などの理由から生活が困窮する市民が優先的に入居を認められた。戦災で家屋を失った母子家庭は、公営の集合住宅で生活をしていた。だが、子どもが大きくなると、集合住宅は狭く不便になった。そうした理由から、電車住宅に引っ越したのである。現代の感覚からすると、電車住宅の方が生活しづらいような気がするが、それほど戦後復興期の住宅事情は劣悪だったのだ。

電車住宅は、壁全面が窓になっているため、昼間は非常に蒸し暑かった。また、時代が下ると、電車住宅は珍しいものとなり、通行人から家の中を覗かれることもあったという。そうした点を除けば、電車住宅の生活はそれなりに快適だったらしい。

車両を転用した電車住宅は、東京だけでなく、市電が運行していた函館や京都などにも出現している。東京とその他の地域との大きな違いは、東京以外の地域はおもに戦災復興を目的にしていたのに対し、東京では戦災復興後にも高度経済成長期の住宅不足にも役立てられたことだった。そうした事情から、東京では1950年代以降も電車住宅が使われ続けた。

戦争の傷跡が消えるとともに、電車住宅は全国から姿を消していった。住宅研究の泰斗である故・西山夘三《うぞう》京都大学名誉教授の調査によれば、平成13（2001）年まで京都市内に電車住宅が存在していたという。しかし、それらは住宅として使用されていたのではなく、かつての電車住宅を物置替わりに使用したものだった。

これほどまでに活用された電車住宅だが、東京都の公式記録で記述がほとんど残っていない。東京都住宅局編纂の『住宅五十年史』にもその記述はなく、電車住宅はまさに歴史の闇に葬られた存在になっている。

【第四章】日本鉄道史の知られざる秘話

東海道本線の建設を手伝ったヤクザ

【政府が清水次郎長に協力を要請？】

明治維新によって新しい時代の幕が開けると、日本は急ピッチで国家の近代化を進めていった。新政府は西洋の進んだ技術や文化を取り入れるために、海外から技術者や教育者を招聘した。彼らはお雇い外国人と呼ばれ、様々な分野で活躍した。明治に開業した鉄道もまた、お雇い外国人が大きく貢献した分野である。エドモンド・モレルをはじめとする鉄道技術者の活躍があったからこそ、鉄道は日本に根付いたのだ。

一方で建設にあたって現場で汗をかくのは日本人だった。鉄道の建設を進めていた明治政府は、その労働力の確保に苦労することになる。

当時の職人は腕一本を頼りに、現場を渡り歩くようなタイプが多かった。急に現れた新政府の役人に「鉄道をつくるから手伝え！」などと命令されても、素直に従うはずがない。

鉄道の建設は国家の総力を結集した一大プロジェクトだったため、身元がはっきりしない人夫を雇うのは避けたかった。そこで政府は鉄道を建設するにあたって、地元の〝顔役〟に

大正時代の講談本に描かれた清水次郎長（右上は晩年の次郎長）。現代で言うヤクザの親分だったが、庶民のヒーロー的な存在でもあった。

人集めをはじめとする建設工事の一切合切を任せるようになる。

そんな政府が東海道本線の建設の際に頼ったのが、あの有名な清水次郎長だった。

清水次郎長（本名・山本長五郎）は、幕末から明治にかけて活躍した侠客で、静岡を中心とした東海道一帯を勢力下に置いた人物である。今風に言えば、ヤクザの大親分ということになる。

喧嘩っ早く、無類の博打好きだった次郎長は23歳の時にケンカ相手を刺し殺してしまったために、地元清水から逃亡。子分を従え、諸国を放浪した後、清水に戻って一家を構えた。次郎長はその後、対立組織との抗争やトラブルの調停などで名前を売り、次第に地元の顔役となっていく。

次郎長は地元産業の振興に尽力した実業家としての顔もあった。次郎長は土地の開墾などを積極的に行い、清水の特産品であるお茶の販路を拡大するために、清水港の改修工事を提案。横浜港へ向かう定期船の会社を設立したりもしている。

そうしたこともあり、次郎長は地元での信頼を勝ち取っていく。明治半ば頃には清水港のまとめ役を務めるまでになった。

そんな時、東海道本線が旧東海道ルートで建設されることが決まる。清水から静岡一帯を取り仕切っていた次郎長のもとにも、政府から協力の要請が届けられた。政府は次郎長に労働者の人出しと仕切りだけでなく、用地買収の斡旋・紹介までするように求めた。次郎長はそれらの要請を快諾。自分の支配が及ばない静岡以西の浜松方面については、清水港の仕事を通じて知己を得ていた静岡商人たちのネットワークを使うなどしてまとめ上げ、見事に東海道本線の工事を仕切ってみせたのである。

国家の一大プロジェクトの実現のために、その重要な部分を政府とは無関係の民間人に委ねる。現在では反社会勢力として排除される人々だが、実は鉄道の建設に際しては大きな力になった。

国が建設から運行まで管理した鉄道だったが、政府の力だけでつくれたわけではなかったのだ。

【厳重に守られた「もうひとつのお召列車」】

暴力団組長が鉄道で移動するとき

天皇陛下などの皇族が鉄道に乗車する場合は、当然ながら特別な警備体制が敷かれる。総理大臣が鉄道で移動する際も、警視庁や地元警察から派遣されたＳＰが要所を固め、ボディーガードが身辺警護にあたる。駅や鉄道は不特定多数の人間が利用する。万が一のことを考えて、厳しい警備体制を敷くのは当たり前である。

だが、世の中には関係者がそれ以上に気を使うものがある。

それが、暴力団組長の移動である。

暴力団組長は政府の要人ではないが、誰かに狙われる可能性はそれ以上にある。

当然、鉄道を利用するとなったら、その組織の関係者は細心の注意を払って準備をする。駅での警護はもちろん、利用する列車の座席の手配にも特別なこだわりを見せる。

そのことが明らかになったのが、平成23（２０１１）年の日本最大の暴力団、山口組組長の出所時だった。

組長は東京の府中刑務所で服役していた。山口組の本拠地は兵庫県の神戸市にあるため、さすがに自動車だけで移動するのは難しい。そこで組長一行は品川駅から新幹線に乗車し、新神戸駅まで向かうことになった。

出所の日、府中刑務所の前には、組長を出迎えるために大勢の組員が集まった。警察官が100人体制で警戒する中、朝の5時過ぎに組長が刑務所の門を潜り、シャバの地を踏む。組長は用意された自動車に乗り、品川駅に向かった。品川駅に到着した組長は、新幹線に乗るためにホームに移動する。当時の報道写真などを見ると、両脇を屈強な組員に挟まれるようにして歩いている。

東海道新幹線は1編成16両。果たして組長一行はどの車両に乗り込んだのか。報道によると、組長一行が乗車したのはグリーン車だという。大組織のトップ、しかも出所したばかりなのだから、グリーン車に乗ったとしても意外ではない。

驚くのは座席の手配である。

山口組は組長の乗車に際して、新幹線のグリーン車の座席を1両丸ごと買い占めていた、というのだ。座席を買い占めていれば、関係者以外がその車両に入ってくる心配はない。多少の費用はかかるが、警備としてはたしかに確実な方法である。

座席の買い占めは、組長に限らず、組織の大幹部が乗車する際も行われるといわれる。

車両を丸ごと買い占めるまではいかないが、前後数列を買い占め、知らない人間が座らないようにするのである。組織は実際に乗車する人数より、多めに席を押えることが多い。そのため、空いているからといってうっかり座ると……、針のむしろに座るような時間を過ごすことになるので注意が必要だ。

大物組長が鉄道を利用する際は、鉄道の車内はもちろん、狙われる可能性が高い駅やホームも警戒の対象になる。

ある組織の場合、組員たちが入場券を買い、組長が到着する1時間から30分前までにホームや駅通路の点検を行っている。これらは30人体制で実施されており、彼らはあくまで車両に乗り込む身辺警護班とは別働隊。大物組長の移動には、それほどの人数がかけられている。

前述の山口組の場合は、さらにおおがかりな警備体制が敷かれていたことだろう。

暴力団の大物組長の移動は、一部の関係者から〝もうひとつのお召列車〟などと呼ばれることもある。

報道で見るそのものものしさは、たしかにお召列車と並ぶものがある。

ちなみに、山口組組長は組織による万全の警護体制に守られ、なにごともなく、目的地の新神戸駅に到着。そこから自動車に乗って、組織の本拠地に帰っていった。警備を担当した組員たちはもちろん、警戒していた警察もきっと安堵したことだろう。

【車内でSEXしてはいけません！】

寝台列車を変えた風紀の乱れ

平成27（2015）年3月、北海道の札幌駅と大阪府の大阪駅間を結ぶ夜行寝台列車「トワイライトエクスプレス」がラストランを迎えた。寝台列車は高度経済成長期に全国津々浦々で走っていた。だが、新幹線網の拡大や、航空機、夜行バスの台頭で衰退の一途をたどり、もはや鉄道界の絶滅危惧種になりつつある。

さて、そんな寝台車は日本ではいつ誕生したのだろうか。

日本の鉄道史をひもとくと、鉄道が夜間運行を始めたのは、明治の中頃。東海道本線が新橋駅～神戸駅間で全線開業した時には、すでに夜通し走る列車があった。だが、それらはあくまで夜も走るというだけで、車両に寝台設備があるわけではなかった。乗客たちは固いイスに座ったまま眠るなどして、長時間の移動を耐え忍んでいたのである。

本当の意味で本邦初の寝台車が登場したのは、明治33（1900）年。山陽鉄道（現・山陽本線）が神戸駅～下関駅間に導入したのが嚆矢《こうし》とされる。

明治33年に登場した山陽鉄道の寝台車（1等）の車内（『日本鉄道史』）

山陽鉄道の寝台車は乗客の評判も上々で、官営鉄道だけでなく、私鉄の間にも寝台車は普及していく。

そんな中、寝台車を巡ってある問題が生じる。その問題というのは〝車内風紀の低下〟である。よりわかりやすく言うならば、寝台車の中で良からぬことをする不届き者が続出したのだ。いったい、どういうことなのか。

当時の寝台列車は、オールドファンにはお馴染みの3段ベッドが主流だったが、〝二人床〟という特別席もあった。この〝二人床〟は読んで字のごとく、現在のダブルベッドのようになっている座席だった。この席を利用する男女のカップル客が、走行中に情事にふけるというケースが続出したのである。

寝台列車はたしかに眠ることができるが、移動式の旅館ではない。鉄道院は車内の風紀を引き締めにかかったが、不届き者はなかなかいなくならない。

結局、大正8（1919）年、営業制度の改正が実施され、〝二人床〟を2人客で使用することが禁じられた。そうまでしないと風紀の乱れは収まらなかったのである。〝二人床〟の使用を制限したことで、列車内から男女の情事は消えていった。

鉄道院は風紀の乱れに神経質になり、その後も繰り返し服装の乱れを注意する張り紙を掲示したり、配布物を配るなどして、車内風紀の向上に目を光らせている。長時間、列車内で過ごすのだから、気が緩んでしまうこともあるだろう。裸で座ったり、タンやツバを吐く――そんなことが当時の車内では日常的だったようだ。

それに比べると、いまでは普通列車で駅弁を広げるだけで周囲から白い目で見られる。現代の鉄道マナーは戦前に比べるとだいぶマシになったということだろう。

年配者は車内で化粧直しをする女性を見ると、よく眉をひそめながら「昔はこんなことはなかった」などと言うが、さすがに今の時代、走行中の列車で裸になったり、車内に痰を吐き散らしたりする乗客はいない。時代とともに、利用者のマナーは向上している。明治・大正時代の方がよっぽど質《タチ》が悪かったのだ。

【明治時代から続く鉄道旅の定番の飲み物】
お茶はなぜ鉄道で飲まれるのか？

昔から鉄道旅の定番の飲み物といえば、お茶である。車窓の風景を楽しみつつ、飲み食いする駅弁と日本茶の美味しさといったら……、これぞ鉄道旅の醍醐味である。

さて、そんなお茶だが日本の鉄道ではいつ頃から飲まれるようになったのだろうか。お茶と鉄道の関係は長く、明治時代の中頃にはすでに列車内や駅などで飲まれている。

きっかけは明治22（1889）年の東海道本線の開通だ。沿線の静岡県にある三盛軒（現・東海軒）という会社が駅弁に併せて、汽車の中で飲むお茶の販売を始めたのである。

現在ではお茶は冷やして飲むのが当たり前になっているが、当時は〝お茶は熱いもの〟というのが常識だった。そのため、三盛軒はお茶を販売するにあたって試行錯誤を重ねた。

三盛軒は長距離列車の乗客にも購入してもらうために、冷めても美味しく飲めるお茶の品種を追求。お茶を入れる容器にも冷めにくい工夫を凝らした。試行錯誤の結果、三盛軒はお茶の容器に信楽焼の陶器を採用し、特注している。そして、列車が駅に停車しているうちに熱いお茶を容器に注いで販売した。

お茶処・静岡からはじまった列車内でお茶を飲むという習慣は、乗客から大好評となり、たちまち各地にも伝播する。そして最初にお茶を買い、途中駅ではお湯を継ぎ足すといったサービスまで登場するようになる。

列車内でお茶を飲む移動スタイルが定着すると、次第に茶瓶のデザインにもバリエーションが増えていく。信楽焼ばかりではなく、益子焼や瀬戸焼の茶瓶も登場。各地の名産品の焼き物が茶瓶に使われたことで、茶瓶そのものが旅行土産として重宝されるようになった。

ある商品に人気が出ると、ズルをして儲けようとする輩が出てくるのはいつの世も同じなのだろう。茶瓶の中身が見えないのをいいことに、お茶の分量を減らして販売する悪徳業者が出現。乗客から苦情の投書を受けた鉄道省は、お茶の販売業者に中身が見えるガラス製の茶瓶を使うように通達を出した。

こうして車内で販売されるお茶の茶瓶は、陶器製からガラス製に切り替えられることになったが、しばらくして再び陶器製の茶瓶が復活する。お茶を注いだガラス製の茶瓶は、見た目が尿瓶《しびん》にそっくりだった。「飲む気がしない」と乗客に不評だったのだ。

陶器製の茶瓶は、その後もしばらく使われ続けた。だが、戦後になって強力なライバルが

茶瓶には様々な形があった。これは岐阜駅のもの（『昭和鉄道史』）

現れる。ポリエチレン製の茶瓶である。ポリエチレンは陶器に比べて原価が安く、軽い上に割れにくかった。ポリエチレン製の茶瓶が普及し始めると、陶器製の茶瓶は一気に市場から駆逐されてしまった。

その後、ポリエチレン製の茶瓶の天下は缶入りのお茶に奪われた。その缶入りのお茶もペットボトル茶の登場で姿を消しつつある。ペットボトル茶は比較にならないぐらい軽く、持ち運びしやすい。お茶の容器が重くてかさばるといった不満は、陶器製の茶瓶全盛期の頃から乗客の間にあった。

長旅旅行者の中には陶器製の茶瓶をわずらわしく思い、飲み終えると窓から捨てる者がいた。食べ終わった駅弁のゴミも一緒に放り投げる者までいたため、当然ながら線路周辺にはゴミが散乱。沿線の住民から苦情が絶えなかった。

特に窓から捨てられるゴミの代表選手が、ミカンの皮とタバコの吸い殻だった。鉄道車内で食べるモノの定番といえば冷凍ミカンを思い浮かべる人も多いだろうが、ミカンは食べた後の皮の処分に困る。だから乗客たちは食べ終わったミカンの皮を窓から投げ捨てた。タバコの吸い殻のポイ捨ても、いまとは違ってマナー違反という意識は薄かったのである。

現在ではゴミで溢れた線路というのはなくなった。それは乗客のマナーが向上したからというのも理由だろうが、車両の冷暖房化で窓がはめ殺しになっている、ということも大きいのかもしれない。

【駅や列車間の緊急通信で使われる略語】

まるで暗号？ 鉄道電報略号

若い読者はピンとこないかもしれないが、携帯電話が登場するまで、誰かと連絡をとるというのは、本当に大変なことだった。緊急連絡の手段といえば固定電話がせいぜいだったので、相手が電話をとれる場所にいなければ、連絡をつけることは絶望的。たとえ火急の用件があっても、連絡がとれるようになるのをひたすら待ち続けるくらいしか方法がなかった。

そのため、一昔前の駅には利用者のために伝言板が置かれていた。最近ではまず見かけることはなくなったが、当時はとても重要な道具で、待ち合わせの最中に駅を離れる時などに「用事できた。すぐ戻る」などと書き残したのだ。なんとも大らかな時代だった。

だが、鉄道を運営する側は連絡がつかないから伝言を残す、といった悠長なことはやっていられない。たとえば、事故や故障などの不測の事態があった時、走行中の列車と必ず連絡をとらねばならない。携帯電話が普及する以前、鉄道乗務員はどうやって駅や列車間での連絡をとりあっていたのだろうか。

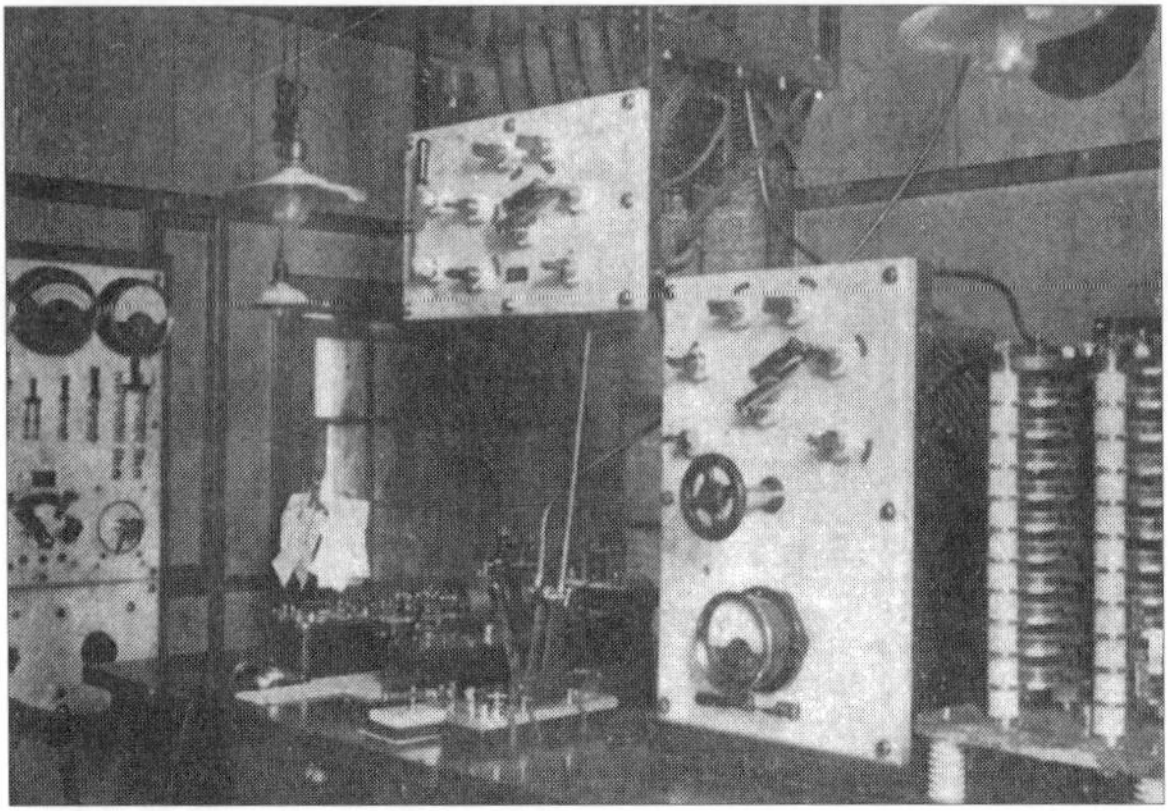
初期の無線電信装置。鉄道電話が登場する前は、電報で連絡をとっていた。

官営鉄道は長距離列車を数多く運行していたため、万が一の場合に備えて、連絡手段の確保に余念がなかった。

携帯電話が普及する以前、すでに国鉄はＮＴＴの電話回線とは別に独自の回線網を使っており、駅間や列車間の通信に使っていた。この回線は分社民営化されＪＲになった後も使用されており、ＮＴＴ電話に対してＪＲ電話などと呼ばれている。

では、電話網が整備される以前はどうだったのか。鉄道業界では電報を使って連絡を取り合うのが一般的で、鉄道省では専門の通信技師を雇い、各地に配置していた。

走行中の列車内から無線で電報を打つというのは、それだけ差し迫った何かが起きているということである。鉄道業界の通信士の間では緊急事態に備え、電報を簡略化できるように独自の用語が使われていた。

一例を挙げると、東京駅は「トウ」、運転士は「ウテシ」、連絡は「レラ」、運転取り止めは「ウヤ」といった具合だ。これらは〝鉄道電報略号〟と呼ばれ、導入をすることで電報の文章を5分の1に圧縮することができたという。

鉄道電報略号は、一見するとスパイの暗号のようでもあるため、一般人に解読が難しいことも好都合だった。乗客に異常事態を悟られず、トラブル発生の連絡を各所に行い、乗客が知らぬ間にそれを解決する。鉄道略号の導入には、そんな効果もあったのだ。

鉄道略号は、鉄道関係者だけでなく、軍部にも支持された。戦前から戦中にかけて、軍部は情報が漏洩することをとにかく恐れていた。不特定多数の者が乗り合わせる鉄道は、情報が漏れ出る可能性の高い場所だった。鉄道無線が略号化されていれば、仮に乗客に電報文の存在を悟られても、その内容まで知られる心配は少ない。鉄道略号は軍部の推奨もあり、戦前・戦中を通して使われ続け、通信技術が進歩した現在でも受け継がれている。

ちなみに、電報以前は、どうやって連絡を取り合っていたのだろうか。

無線が普及する前は、車掌が電文を紙に書き、錘《おもり》と一緒に袋に入れて、列車内からホームに投げ入れるという方法をとっていた。連絡袋を受け取った駅員は、駅に備え付けられた通信機で各地の駅に連絡を入れ、行き先々の手配をしたという。

【サルが電車を運転する幻のアトラクション】

上野動物園のアイドル「お猿電車」

昭和47（1972）年に中国から来日したジャイアントパンダの〝カンカン〟と〝ランラン〟は、日本中にパンダブームを巻き起こした。

パンダがやってくる前、上野動物園のアイドルといえば、昭和24（1949）年にインドから寄贈されたゾウのインディラだった。

戦時中、上野動物園で飼育されていた動物の多くは餓死したため、敗戦直後の上野動物園は珍しい動物がほとんどいない状態で再スタートを切らざるを得なかった。そうした事情を察したインドのジャワハルラール・ネルー首相が上野公園にインドゾウを寄贈。ゾウは首相の娘の名前をとって〝インディラ〟と名づけられて子どもたちから絶大な人気を博した。

上野動物園には、子どもたちを魅了した動物がもう1匹いた。それが敗戦後に上野動物園の惨状を見かねたアメリカ軍兵士によって寄贈された、カニクイザルの〝チイちゃん〟である。チイちゃんは当初、他の動物と同じように普通に飼育されているだけだった。だが、あ

お猿電車は上野動物園を代表する人気者だった。昭和43（1968）年には皇太子（現・上皇）ご一家が訪問。家族全員で乗車している（写真提供：朝日新聞社）

ることがきっかけで全国区の人気者になる。

それがお猿電車だった。

お猿電車の発端は、あるロボット研究者からの提案だった。人気が低迷する上野動物園を復活させるために、その研究者はロボットが運転する子ども用ミニ電車の運行を提案する。その提案を受けた園長や関係者は協議を重ね、せっかく動物園でやるのだから、ロボットではなく動物に運転させてみてはどうかとの結論に至る。

その運転士という大役を任されたのが、チイちゃんだった。チイちゃんは人間に慣れており、乗客である子どもたちに危害を加える心配が少なかった。サルは赤と青を識別できるため、信号の合図を理解できるという点も好都合だった。

チイちゃんが運転するお猿電車は、昭和23年9月に華々しくデビューした。初代のお猿電車は3両編成6人乗りで、1周35メートル。1回の乗車で2周する。料金は3円だった。

お猿電車は、長蛇の行列ができる人気アトラクションになる。しかし、サルの集中力は2時間が限度で、運行時間は限定的だった。だが、爆発的人気はそれを許さなかった。来園者の中には、お猿電車の休憩時間が長いと不満を漏らす者もいた。上野動物園は休憩時間を短くするために、ほかのサルにも訓練を施した。

訓練のかいもあって、運転士は3匹に増え、交代で電車を走らせることができるようになった。電車自体も規模を拡大し、1周100メートルになる。列車にも改良を施し、1両15人定員、4両編成で運行された。車両もトロッコ風のものから電気機関車、特急電車、新幹線と時代に合ったものにバージョンアップを遂げていった。

動物園は事故を防止する意味から、3歳未満の子どもは乗車できない、という規則を設けていた。だが、お猿電車が人気になると、「うちの子も乗せたい」という親のわがままが強くなる。動物園側は安全上の理由から拒否していたが、「親同伴なら乗せてもいいのではないか」という世論に押され、しぶしぶ妥協してしまう。

だが、お猿電車はもともと子ども用だったため、大人を乗せるにはモーターの力が足りなかった。動物園は電車を改造し、エンジンのパワーアップを図ったが、エンジンの出力が上がった分、運転席のレバー操作に力が必要になり、かえって運転士のサルに負担がかかるようになった。

電車はその後、サルの負担を考慮して再び改造が施される。運転はすべて機械が行うようになり、サルはただ運転席に座っているだけになった。しかし、そのことがきっかけで、お猿電車の人気に陰りが見えるようになる。動物園は乗客を呼び戻すために、昭和44（1969）年に再びサルが動かす電車を復活させる。お猿電車の人気は再燃し、翌年には年間乗客数が100万人を突破するまでに回復した。

しかし、そんな時、お猿電車に強力なライバルが現れる。中国からジャイアントパンダが上野動物園にやってきたのだ。パンダの出現は動物園の序列を一変させ、お猿電車はスターの座を瞬く間に追われることになった。

それから2年後の昭和49年、お猿電車は四半世紀にも及んだ歴史に幕を閉じた。廃止の原因になったのは、乗客の減少と、この年に施行された動物愛護法だったとされる。

お猿電車のお別れ式には、廃止を惜しむファンが4000人も集まった。日本中が敗戦に打ちひしがれるなか登場し、子どもたちの心を癒し続けてきたお猿電車。運転士たちには感謝を伝えるために、バナナが配られたという。

【鉄道に乗ると税金をとられた⁉】
日露戦争の亡霊〝通行税〟

当節、消費税の増税は国民の大きな関心事となっている。消費税は直接庶民の財布に響くので、どうしても敏感になってしまうのだろう。消費税は平成元（1989）年に3％で導入されて以来、平成9年には5％に、そして平成26年からは8％へと上昇。現在は8％と10％が混在している。消費税の導入や増税を巡っては、国民の間で大いに議論になった。税金、なかでも消費税は国民に直接関係があることなので、関心が高いのだろう。

だが、実は日本には消費税が導入される以前に、鉄道の分野で消費税によく似た税金が課せられていたことを知っているだろうか。それは〝通行税〟と呼ばれる税金だ。

通行税が制定されたのは、明治38（1905）年。創設の背景には、前年にはじまった日露戦争があった。ロシアはヨーロッパの大国、戦争では莫大な戦費が必要になる。ときの総理大臣・桂太郎は戦費調達のために非常特別税法を制定。その法律に基づき、鉄道や船舶の運賃に通行税が盛り込まれた。

増税案けふ提出
通行税・入場税等の細目決定
十五日本會議に上程
所得税
通行税
砂糖消費税
入場税
學士院受賞者
昨日の總會で決

通行税を含む増税案の決定を報じる新聞（「東京朝日新聞」昭和13年2月13日）

日露戦争の戦費調達を目的とした増税だったので、戦争が終われば廃止される……と思いきや、そうはならなかった。日露戦争で日本は勝ったものの、賠償金を得ることができなかった。重い税金はそのまま存続した。

通行税は長らくそのまま徴収され続けたが、大正15（1926）年になってようやく廃止される。が、国民がほっとしたのも束の間、昭和12（1937）年に日中戦争が勃発すると、翌年には通行税が再開されてしまう。

復活した通行税は、それまでのように鉄道利用者に一律で課すものではなかった。鉄道はすでに庶民の生活に不可欠な存在になっていた。明治のように国民全体に負担を求めれば、大きな反発を呼ぶことが予想された。政府はそれを避けるべく、三等車で50キロメートル以内の移動の場合は、課税の対象外とした。

しかし、そんな政府の思惑とは裏腹に戦火は拡大。軍事費も増加し、政府は重税路線へと方針を傾けていく。従来、乗車距離に比例して課税されていた通行税は、昭和15年になると特急・急行料金にさらに10パーセントが加算されるようになる。

太平洋戦争中の昭和17年には、課税対象が拡大。特急・急行列車に加えて、一等・二等寝台車にも通行税が課せられるようになった。当時は不要不急の移動が制限されつつあったので、通行税はある種のぜいたく税のようになっていた。

終戦後、日本は以前のような多額な軍事費を必要としなくなった。だが、通行税は鉄道運賃に上乗せされるかたちで、従来通りに課税され続けた。東海道新幹線が開業する前年の昭和38（1963）年における通行税収は、年間で880億円にものぼった。

その後、通行税は徐々に課税範囲を縮小。昭和44年には課税対象がグリーン車とA寝台だけとなり、庶民への負担は軽減された。通行税が全廃されたのは、平成元年に消費税が導入されたことがきっかけだった。消費税が導入されると、通行税が二重課税になってしまうため、通行税は消費税に一本化される形で廃止されたのだ。日露戦争の亡霊は85年もの長い歳月にわたって、日本国民にとり憑いていたことになる。

通行税が廃止されて30年以上。もはや、通行税の存在を知っている人も少なくなった。

【第五章】

仁義なき鉄道バトル

東京都知事が出した地下鉄一元化計画

【東京メトロVS都営地下鉄】

平成19（2007）年、石原慎太郎東京都知事（当時）はノンフィクション作家の猪瀬直樹を副知事に任命した。新たに就任した猪瀬副知事は矢継ぎ早に大胆な改革プランをブチ上げたが、そのプランのひとつに東京の地下鉄一元化があった。

平成24年、猪瀬副知事は都知事になったため、都営地下鉄と東京地下鉄株式会社（東京メトロ）の統合は加速するかに思われた。だが、今に至るまで実現していない。

猪瀬副知事が地下鉄の統合を打ち出した背景には、大阪市や名古屋市、福岡市、札幌市といった大都市の地下鉄が一者で運営されているのに対して、東京だけが東京都と東京メトロの二者並立体制だったことが挙げられる。東京の地下鉄が二者で運営されていると、都営からメトロ、メトロから都営に乗り換えるときに料金が割高になる。それは利用者にも不便である。

地下鉄を一元化すればそうした問題は解消される。猪瀬副知事は利用者の利便性が向上

開業当初の東京の地下鉄（『昭和を走った地下鉄』）

することを前面に押し出して一元化を迫ったが、歴史的経緯を振り返ると必ずしも猪瀬副知事の振りかざす正義だけに拍手を送るわけにはいかない。なぜなら東京の地下鉄が二者体制になった原因は、そもそも東京都にもあるからだ。

現在、東京都は浅草線・三田線・新宿線・大江戸線の4路線で地下鉄を運行している。ところが浅草線と三田線は、東京メトロの前身である営団地下鉄が計画していた路線だった。

戦後、東京が焼け野原から復興し、高度経済成長が始まる。東京の交通体系は早くも飽和状態に陥った。早期に地下鉄を整備しなければ、とても通勤ラッシュに対応できない。ところが、営団地下鉄には路線を建設する資金的余裕がなかった。困窮していた営団を横目に、東京都が「営団に任せていたら、いつまで経っても東京の地下鉄建設が進まない！」と言い出し、地下鉄の運営に乗り込んできた。もともと東京都は戦前まで広範囲に市電を運行してきた。それが地下鉄の建設で廃止されていく。

　東京は人口が集中する日本の首都である。地下鉄を営団ばかりに運行させて利益を独占させているのはもったいない。自分たちも地下鉄をやれば絶対に儲かる。そんなソロバン勘定も働いたのだろう。

　営団地下鉄が発足する以前、東京の地下鉄は、東京地下鉄道と東京高速鉄道という2社の民間鉄道会社が運行していた。だが、2社は利用者そっちのけで競争をしてしまった。政府はその反省から、東京の地下鉄2社を強制的に統合させ、地下鉄を一者に運行させる。その統合の結果として生まれたのが営団だった。メトロは営団を民営化した会社であり、いわば東京の地下鉄経営の正統な後継者である。

　過去の取り決めを反故にし、東京都が地下鉄事業に乗り込んできたことで東京の地下鉄は二者体制になった。要するに、東京に2つの地下鉄が併存している原因は、東京都にあるのだ。そんな原因をつくった東京都の副知事が「東京の地下鉄が二者体制になっているのは、利用者の利便性を考えていない！」と批判したのだから、メトロとしては「お前が言うな！」という思いを抱いているだろう。

　そうした思いがあるのにメトロが反論できなかったのには訳がある。メトロは民営化に際して株式を政府（財務省）と東京都とに分割した。つまり、東京都はメトロの数少ない株主なのである。そうした弱みがあるので、猪瀬副知事の意見に表立って反論ができなかったのだ。

猪瀬副知事が主張した二者体制の弊害は確かにあるだろう。他方で、ライバルがいるからこそ互いに切磋琢磨してサービスが向上するというメリットもある。電力会社が地域独占にあぐらをかいていたように、一者独占の弊害だって考えられなくはないのだ。

猪瀬都政が終了してから、東京の地下鉄一元化議論は暗礁に乗り上げている。今後、東京の地下鉄がどうなるのか？　まったく見通しは立っていない。

【西武鉄道vs小田急電鉄】

有力私鉄がぶつかった箱根山戦争

戦時中、政府によって強制的に合併させられた鉄道会社は、戦後に再び分離した。各社は互いをライバルとしてしのぎを削るようになった。ライバル心を剥き出しにした鉄道会社の戦いは、時に耳目を集め、社会を巻き込んだ騒動に発展することも珍しくなかった。

不動産会社・コクドのドンとして全国各地でリゾート開発に明け暮れていた堤康次郎は、大正12（1923）年に駿豆《すんず》鉄道（現・伊豆箱根鉄道）の経営に関与したことを機に、不動産事業のみならず鉄道経営にも事業を拡大した。

堤が鉄道事業に本腰を入れ始めるのは、大正14年頃。堤の不動産への執着は凄まじく、旧華族の不動産を片っ端から買収していた。華族の中には生活に困窮する者も少なくなく、堤はそうした困窮華族の懐事情を察知して、土地を安く買い叩いたのである。

不動産事業を拡大する一方で、その土地まで人を運ぶ鉄道の力にも着目し、池袋を拠点とする武蔵野鉄道の株式を取得。昭和15（1940）年に実質的なオーナーになると現在の新宿線も買収した。これら2つは昭和20年に統合、翌年には西武鉄道に改称している。

西武鉄道という巨大鉄道会社を手に入れた堤だったが、不動産事業への情熱が薄れることはなかった。箱根山戦争は堤の不動産への執着心が露わになった象徴的な一件だろう。

箱根は新婚旅行の地として昭和初期から人気だったが、小田急グループが鉄道やバスなどを走らせていて強固な地盤を築いていた。

堤も箱根の開発を手がけていた。前述の通り駿豆鉄道の経営に関与していたが、昭和8（1933）年には箱根に路線を有している大雄山《だいゆうざん》鉄道（現・伊豆箱根鉄道大雄山線）を傘下に組み込む。また、芦ノ湖に遊覧船を運航し、一帯でホテルも続々とオープンさせた。

戦前期、小田急と堤が全面対決することはなかったが、戦後になると会社の威信を賭けたバトルが勃発する。西武が小田原市内に新しいバス路線を申請したことが、その発端になった。小田急も小田原市内でバスを運行しており、西武のバス路線の開設申請を小田急は領土侵攻と受け取ったのである。

昭和25（1950）年、小田急は戦前期に運休となっていた強羅～早雲山間のケーブルカーの運転を再開させる。小田急が反撃を開始したのだ。

ケーブルカーが運行を再開したことで、小田急は西武のバスから客を奪取した。さらに小田急の経営陣は、堤の強引なやり方に腹を立てていた地元住民たちと一致団結し、新しい遊

西武グループが買収した伊豆箱根鉄道大雄山線。それがきっかけとなり、小田急との間で箱根の覇権をかけた激しい戦いが繰り広げられることになった。

覧船会社も立ち上げた。

　こうした小田急の攻撃に、堤は烈火のごとく怒った。堤は「やられたらやり返す」とばかりに箱根に保有していたバス専用道路に、小田急のバスを走らせないという強硬手段に打って出る。

　西武の反撃に対して小田急は法的手段に訴えた。しかし、専用道路は西武の私道であるから小田急の主張は認められなかった。

　勝訴した西武は反転攻勢に打って出た。堤は小田急の株の買い占めを始めたのだ。会社ごと乗っ取ってしまえば邪魔者はいなくなり、箱根に西武王国が完成する。堤の株式買い占めに、小田急経営陣は慌てた。

　小田急社長だった安藤楢六《ならろく》はいたずらに西武と争うことを避けた。箱根山は小田急にとって大事な縄張りだが、正面から激突すればたとえ勝っても大きな深手を負う。それよりも自社の魅力を向上させることで小田急の利用客を増やす作戦に変更したのだ。

小田急は、新幹線の開発技術者である三木忠直に小田急ロマンスカーの最新型の設計を依頼。昭和32（1957）年には、東海道新幹線に先んじてスーパーエクスプレス（SE）をデビューさせて話題をさらった。小田急ロマンスカーSEのインパクトは絶大で、その人気によって小田急の株価は急騰した。堤の小田急株買い占めは難しくなる。

小田急と西武の激戦は、運輸省が仲介したことで昭和38年に終結した。だが、和解はしたものの、それは表面上だけだった。小田急も西武も独自に観光コースをつくり、それぞれの旅行代理店ではライバルグループの施設を回らないようにしていた。両社は水面下で足の引っ張り合いを続けたのである。

そこまで激しく争った小田急と西武だったが、平成15（2003）年に共同して箱根の観光開発をすることを発表した。国内旅行の人気低迷で箱根から観光客が減少していたことが理由だった。

箱根を舞台に激しく火花を散らした西武と小田急だったが、本当の敵は時代の流れによる旅行客の嗜好の変化だった。西武も小田急もそれには逆らえなかったのである。

【西武鉄道VS東急電鉄】

西武王国への挑戦「伊豆戦争」

小田急との箱根を巡る戦いがひと段落した頃、西武は東急とも火花を散らす戦いを始めていた。その舞台は伊豆半島東岸。伊豆半島には、海にへばりつくように敷設されたＪＲ伊東線がある。伊豆半島は箱根と並ぶ観光地で、伊東線は伊豆の貴重な鉄道路線だ。

伊東線は、大正11（１９２２）年に政府が建設すべき路線として構想された。このときの計画では伊東線は複線にされることになっていた。ところが、緊縮財政の煽りから単線で建設することになる。

昭和13（１９３８）年、政府は伊東駅までなんとか開通させることができたが、そこから先の区間は地形が急峻であることを理由に建設されなかった。伊豆半島の鉄道建設は、伊東までで凍結される。

東急の社長・五島慶太はリゾート開発に熱中していたこともあり、高いポテンシャルを秘めた伊豆半島に触手を伸ばした。五島は凍結されていた区間に目をつけ、その建設を自分が

伊豆急行の線路を走るＪＲ東日本の特急「踊り子」。東急はこの路線を開拓することで伊豆半島に進出。だが、建設に関して国から無理難題を押し付けられた。

やると政府に申し出る。

政府も宙ぶらりんになっていた伊東以南をどうにかしたいと思っていた。五島の申請は、国にとっても渡りに船だった。東急は別会社の伊東下田電気鉄道（現・伊豆急行）を設立し、伊東駅から国鉄が直通できるように路線を計画する。

ところが、ある人物が五島の伊豆半島進出に待ったをかける。それが、西武の堤だった。西武グループの傘下にある伊豆箱根鉄道は、三島駅から修善寺駅まで線路を敷いていた。修善寺は伊豆半島の中央部にあり、いわば伊豆観光の拠点でもあった。東急が新しい鉄道を建設して伊豆に殴り込みをかけてくるとなったら、西武にとっては穏やかな話ではない。自分の領域を侵されて、黙っている西武・堤ではなかった。

堤は、どうにかして東急を撃退する方法を考えた。五島は東条英機内閣で運輸通信大臣を務めた経歴から、戦後は公職追放を受けていた。公職追放が解除された後、五島は東急の総帥として復帰した。

堤も齋藤實《まこと》内閣で拓務政務次官を務めた経緯から、公職追放を経験している。解除後、堤は再度国政に進出。昭和28（１９５３）年には衆議院議長に就任していた。

五島も堤も、政界への影響力は大きかった。しかし、戦後に衆議院議長まで務めた堤には、子飼いの政治家が現役で多数いた。堤の政治力の方が強大だったのだ。

五島は伊東以南の路線を許可されたが、建設工事の計画書などを1年以内に作成して申請することが課せられた。さらに、建設した路線は政府が必要と判断したときは鉄道施設を含めてすべて国に譲り渡すといった条件をつけられた。この先に線路を敷設しても需要は見込めないと一度は判断した区間である。政府がそんなことを言うわけがない。

これは、堤が政治力を使って、間接的に五島の伊豆進出を阻む作戦だったといわれる。実際に、堤の影響力があったのかどうかは判然としないが、五島に突きつけられた条件は、かなり厳しかった。

そうした無理難題にもめげず、五島は申請をクリア。ところが、それらをクリアした五島

西武グループが伊豆に擁していた伊豆箱根鉄道。西武の総帥・堤は東急・五島の動きを警戒。「伊豆戦争」と称される激しい争いが繰り広げられた。

は、さらなる難題に直面する。今度は、運輸省が「建設は2年以内に完了させること」と言ってきたのだ。

東急は政府の嫌がらせとも思える仕打ちを再びクリアし、昭和36（1961）年に伊豆急行として開業を果たした。しかし、五島は開業前の昭和34年に他界し、伊豆急行の開業を見ることは叶わなかった。

五島の無念を晴らした伊豆急行社員たちは、開業の一番電車に五島の遺影を携えて乗り込んだ。また、伊豆急下田駅前には五島の功績を称える顕彰碑も建立されている。

五島が死去してから5年後、堤も昭和39年に死去した。

伊豆における東急と西武のバトルは、今や昔のものとなっている。

【官営鉄道vs伊予鉄道】

国家権力に奪われた「松山駅」

現在、日本の鉄道路線の大半はＪＲが占めている。元国鉄線である第3セクターを含めれば、その占有率は9割にも達するだろう。そのため、我が国の鉄道業界は官尊民卑が色濃く、今でもそうした意識は根強い。

官尊民卑で有名な例は、愛媛県松山市を中心に路線を広げる伊予鉄道とＪＲの関係だろう。

四国は明治時代から人口が少なく、主要となる軍港なども築かれなかった。

そうした事情もあり、政府は鉄道を敷設しようという気持ちが弱かった。くわえて、四国に鉄道をつくっても瀬戸内海を船で渡る必要がある。

現在、本州と四国は瀬戸大橋によって鉄道で行き来できるようになっているが、それが完成したのは昭和63（１９８８）年。明治期には、本州と四国との間に架橋する技術もなかった。

本州と四国を結ぶ鉄道橋が昭和末期まで遅れたのは、工事の大変さも原因のひとつだった。

そして、もっと大きな理由は工事費をかけて橋をつくっても、さほど需要がないためにペイできないという経営的な事情もあった。

しかし、四国の財界は鉄道を待ちわびていた。四国に住む住民にとって、鉄道の採算性など関係なかった。むしろ、鉄道がないからこそ四国が発展しないという不満さえ渦巻いていた。

しかし、四国の人々はお上に頼ってばかりではなかった。政府が鉄道を建設しないのなら、自分たちでつくる。そんな気概があった。

四国で最初に鉄道建設の機運が芽生えたのは、明治中期。愛媛県松山市の企業家・小林信近が鉄道の必要性を説き始めた。

愛媛県松山市は、人口50万人を擁する四国最大の都市として発展してきた。江戸期から栄えた城下町だったこともあり、明治期には他都市に先駆けて近代化が進んでいた。

小林は第五十二国立銀行（現・伊予銀行）の頭取を務め、ほかにも松山商工会議所、海南新聞社（現・愛媛新聞社）、伊予水力電気（現・四国電力）、伊予製紙などを起業している。精力的に企業を立ち上げた小林は、商用で大阪や東京などに出向くことが多かった。小林は松山と大阪とを船で行き来した。船は海が荒れれば欠航になるし、時間もかかる。

さらに、小林は事業に必要な木材を全国各地から船で取り寄せていた。大阪から松山の外

伊予鉄道松山市駅で並ぶ伊予鉄道の路面電車と坊っちゃん列車（筆者撮影）

港にあたる三津浜までの輸送費と三津浜から松山まで馬車で木材を運ぶ輸送費とを計算すると、陸上輸送は距離が短いにも関わらずコストが膨大にかかった。その理由は、三津浜から松山までは馬車で輸送していたので大量輸送ができなかったからだ。非効率な物流を改善すれば、大量輸送が実現して経費は安くなるし、迅速化も進む。

小林は松山財界人に鉄道建設のメリットを説いて回った。しかし、ほかの財界人の反応は薄かった。そこで松山財界人からの協力を諦め、大阪財界に支援を求めた。小林の鉄道計画に賛同したのは、大阪で政商として名を馳せていた藤田伝三郎だった。藤田の後ろ盾もあり、小林は明治21（1888）年に伊予鉄道を開業させる。最初に開業させたのは、木材輸送を考えた松山駅～三津駅間だった。伊予鉄道が開業したとき、四国には国有鉄道はまだ存在しなかった。

四国の地に国有鉄道の線路が敷かれるのは、明治39（1906）年。だがその路線は、もともと讃岐鉄道が建設したものだった。国は鉄道国有法によってその路線を国有化したに過ぎず、自力で線路を建設したわけではなかったのだ。

このとき政府が国有化したのは、讃岐鉄道の高松駅～琴平駅間と徳島鉄道（現・徳島線）の2路線だけだった。自分たちで新たに線路を建設しようという様子はまったくなかった。政府が消極的だったため、国の鉄道は愛媛県までやってこなかった。地元住民にとっては残念なことだが、そのおかげで小林が立ち上げた伊予鉄道は「松山駅」を名乗ることができた。ほかに鉄道駅がないのだから、当然といえば当然だろう。

ところが、昭和2（1927）年になると、鉄道省は松山にも線路を敷設する。そのときになって、鉄道省は「国家が建設する鉄道なのだから、その玄関駅の名前は松山駅とする」との主張を始める。伊予鉄道は「後からきたのはそちらだから、そちらが〝伊予松山駅〟にしてほしい」と抵抗した。しかし、鉄道省は政府の一機関である。伊予鉄道が国家権力に抗えることもなく、強引に駅名は奪われた。こうして官鉄の駅が「松山駅」になり、伊予鉄道は「松山市駅」に改称させられた。

伊予鉄道の松山駅の名称を奪った、JRの松山駅

伊予鉄道のように自社のプライドを頑なに貫く鉄道会社はほかにもある。

それが、広島県広島市を地盤にしている広島電鉄（広電）だ。路面電車事業者では最大の路線長を誇る広電は、路面電車の駅名にも関わらず、中心駅を〝広島駅〟としている。

従来、路面電車の乗り場は電車停留場、略して電停と呼ばれる。そのため、一般的に路面電車の電停は「○○駅」といった名称ではなく、「○○駅前」としていることが多い。ところが、広島電鉄ではＪＲと重複する電停でも「広島駅」「横川駅」などと名乗っており、「駅前」としていない。

広電は「オレたちこそが広島の顔だ」というプライドを持っているのだろう。残念なのは、平成13（２００１）年に広電は「己斐《こい》駅」

広島駅に停車中の広電「グリーンムーバーマックス」（筆者撮影）

を「広電西広島駅」に変更してしまったことだ。己斐駅はＪＲの西広島駅に隣接しているが、それまでは頑なに独自の駅名を名乗ってきた。改称の経緯には、いろいろな事情があるだろうが、この改称で広電がＪＲに敗北したかのように感じた。

広電のように官の力に静かに抵抗していた私鉄は、まだマシかもしれない。

鉄道業界では長らく意識の中で醸造された官尊民卑が、常態化してしまったケースもある。たとえば、京成電鉄の「京成千葉駅」が代表的だ。

千葉県に路線を張り巡らせる京成電鉄には、京成千葉駅という駅がある。この駅は国鉄がＪＲに移行されたときに改称されて現在の駅名になったが、それまでは〝国鉄千葉駅前駅〟という駅名を名乗っていた。京成電鉄の駅にも関わらず、ライバルの国鉄の名前を駅に冠していたのだ。本来、こんなことは屈辱と受け取ると思うのだが、京成は20年間も国鉄千葉駅前駅という奇妙な名称を使い続けたのである。

国鉄千葉駅前駅は国鉄がＪＲに改組されることになったために京成千葉駅に改称された。仮に国鉄がＪＲにならなければ、国鉄千葉駅前駅という駅名は現在も使い続けられていたかもしれない。

国鉄が分割民営化したことで、国家による鉄道組織はなくなった。以前に比べると鉄道業界の官尊民卑意識は薄れつつあるとされるが、それでも、いまだに国鉄の後継者であるＪＲは鉄道界のガリバーとして君臨し、秘めたる官意識が時に見え隠れするときがある。

【井上勝vs井上馨】

鉄道は官民どちらに任せるべきか？

鉄道が開業して以来、その運営母体を官営にするか、それとも民営でいくのかについて、政府の内部では激しい議論が交わされてきた。最初に開業した新橋駅～横浜駅間の東海道本線は官営だったものの、その後に開業した甲武鉄道や日本鉄道、阪堺鉄道、山陽鉄道は民営、つまり私鉄だった。日本の鉄道網の拡大は、私鉄によって進められていったのである。

こうした私鉄躍進を、〝日本の鉄道の父〟と称される鉄道庁長官の井上勝は内心苦々しく思っていた。

井上勝は明治政府樹立の立役者である伊藤博文や井上馨とともに、幕末に長州藩がヨーロッパに派遣した期待の若手藩士5人のうちの1人だった。伊藤は初代内閣総理大臣となった。井上馨は大蔵大臣や外務大臣を歴任し、一度は明治天皇から大命降下を受けたほどの明治政府の重鎮である。

鉄道は国家の根幹を成すインフラであり、それは経済のみならず市民生活をも左右する。

鉄道を巡って対立した井上勝（左）と井上馨（右）。２人は同じ長州藩出身だった。

そんな鉄道が仮にすべて民有民営だったら、経済性だけが重視されてしまい、儲からないような地域には鉄道が敷設されない。経済性を優先した鉄道建設がまかり通れば、均衡のとれた国土の発展は見込めない。国土がいびつに発展すれば、回り回って東京や大阪といった大都市の経済にも悪影響を及ぼすことになる。井上勝の主張を簡単にまとめれば、そうなる。

井上勝は「鉄道は国有国営であるべし」という意見の持ち主だった。

井上勝は鉄道の第一人者であり、鉄道政策に関しては政府内の誰もが一目置いていた。とはいえ、井上勝の国有国営論に異を唱える者がいなかったわけではない。

鉄道民有民営論の急先鋒だったのが、井上馨だ。井上馨は日本資本主義の父である渋沢栄一のよき理解者でもあった。

三井や三菱、住友といった財閥は、明治期に多くの炭鉱を経営していた。そして、採掘した石炭を効率的に輸送するために鉄道を必要としていた。そのため、財閥は民間会社が鉄道を敷設し、経営できるようにしてほしいと、井上馨に働きかける。

実業界に転身した渋沢も、産業振興や経済発展には民間企業の力が不可欠だと考えており、鉄道事業は民間でやるべきだとの考えを抱いていた。政界の有力者・井上馨に財界の人気者・渋沢栄一が助太刀したことで、日本各地に私鉄が勃興することになった。井上の財閥優遇政策が特に効力を発揮したのが、九州地方だった。九州には炭鉱が点在しており、近代日本のエネルギー産業を一手に担っていた。

炭鉱は麻生財閥・貝塚財閥・安川財閥によって経営されていた。井上は三井財閥と連携し、さらに九州の三財閥をも抱き込んで、石炭を運搬するための鉄道会社を設立する。

そうした状況は、井上勝から見ておもしろいはずがない。井上勝と井上馨は政治的に対立した。

財閥の力で建設された私鉄は、日清戦争が勃発すると状況が一変する。鉄道は軍事輸送にフル活用されることになり、日露戦争によって鉄道は国有国営であるべしといった井上勝の主張が世間的にも支持されるようになる。鉄道を国有化すると運賃が安く抑えられるので、国民の利益にもなると主張されたこともあり、井上馨をはじめとする鉄道の民有民営論者たちは、国有国営化を認めざるを得なかった。

明治39（1906）年、鉄道国有法が公布された。これで、17社、路線長約4500キロメートルにもおよぶ私鉄が国有化された。これら私鉄の買収に投じられた税金は当時の金額で4億円。最高値だったのは日本鉄道で約1億4000万円、九州鉄道が約1億1000万円で買収されている。これらは鉄道公債で支払われている。つまり、私鉄を国有化するための原資は国民の税金だった。

国有化された17社以外にも、政府は南海鉄道や東武鉄道など15社を国有化する方針を固めていたが、これらは反対が強かったために頓挫している。

【阪急鉄道VS京阪電鉄】

阪急に奪われた新京阪鉄道

明治36（1903）年、京阪電鉄（京阪）は、京都～大阪間で並走する東海道本線に対抗する意図で設立された。

現在では関西の大手私鉄の一角を担っている京阪だが、その設立にあたっては渋沢栄一を筆頭に石川島播磨重工（現・IHI）社長の渡邊嘉一など、東京の資本家も多く出資していた。

東海道本線と競合する路線なので、当然ながら政府は京阪に対していい顔をしなかった。そこで、京阪は鉄道ではなく軌道、つまり路面電車として設立することになった。路面電車なら、東海道本線と競合しないので、客を奪うことはない。京阪の経営陣は官を刺激しないように努め、開業許可を得ることに成功した。

路面電車として開業に漕ぎつけた京阪だったが、路面電車だったがゆえに線路は急カーブが多かった。一両編成の路面電車だったら急カーブでも曲がるのには苦労しないが、これが後々命取りになる。乗客が増えてくると、一両編成の電車では、すべての客を乗せられなくなる。長大編成化した電車は急カーブを曲がれない。線路の改良工事を実施して、できるだけカーブを緩和させていったが、一から造り直すわけではないので改良工事には限界がある。京阪の線路はカーブが多いため、減速しながら走らなければならなかった。

それでも京都～大阪という二大都市を結んでいたことから、利用客は増え続けた。嬉しい悲鳴をあげた京阪は、大資金を投じて思い切った線路改良工事を実施する。線路を地上線から高架線へと切り替えるとともに、複線ではなく複々線化を進めて一気に輸送力を増加させた。

昭和8（1933）年には、蒲生駅（現・京橋駅）～守口駅（現・守口市駅）間の複々線高架化が完成。10キロメートル以上も複々線化されている区間は当時としては珍しく、私鉄では最長だった。

昭和12（1937）年に日中戦争が勃発し、戦時色が強くなると、京都～大阪間には軍需工場が多く建てられるようになる。それに伴い、東海道本線や京阪電鉄本線の利用者はさらに増加し、官鉄と京阪の間で乗客の奪い合いが激化した。東海道本線は輸送力を増やすために電化を実施、京阪は負けじと運賃の値下げで集客を図った。

そうしたなか、昭和18（1943）年に陸上交通事業調整法にもとづいて京阪は阪神急行電鉄（現・阪急電鉄）と強制的に合併させられることになった。路線総延長も会社の資産規模も京阪の方が大きかったが、施設の整備に多額の資金を投じていたため、経営状態は阪急の方がよかった。そのため阪急を母体として実質的に吸収される形で合併。こうして、京阪神急行電鉄が誕生した。

昭和24（1949）年、京阪神急行電鉄から京阪電鉄が分離（京阪神急行電鉄は、昭和48年に社名を阪急電鉄に改称）。強制的に統合させられる以前の形に戻された。

しかし再スタートをするにあたり、一悶着が起きる。

統合前、京阪は子会社の新京阪鉄道を設立して京阪京都駅（現・大宮駅）〜十三駅・天神橋駅間に特急を走らせていた。新京阪鉄道の超特急が東海道本線で並走する超特急「燕」を追い抜いたという伝説的な逸話も残るほど、自慢の路線だった。

子会社だったとはいえ、京阪にとってその特急が走る京阪京都駅〜十三駅・天神橋駅間は大事な路線である。なにしろ、京阪はこの路線の大阪側の起点である天神橋駅（現・天神橋筋六丁目駅）に、総力を結集して「天神橋駅ビル」を建設していた。ビルは地上7階建てで、ビル内にホームがあり、電車が発着した。現在では、ビルの中にホームを持つ駅ビルも珍しくなくなっているが、そうした構造をとったのはこの天神橋駅ビルが日本で最初だった。天神橋駅ビルには、新京阪の本社も置かれていた。京阪グループがいかに京阪京都線に大きな期待を込めていたかがわかるだろう。

しかし、政府はそんな京阪の思いを知ってか知らずか、戦後に京阪と阪急が分離する際、京阪京都線が京阪の他の路線と接続していないことを理由に、この路線を阪急のものにしてしまう。

乗客の利便性を考えれば阪急の路線にした方がいいことは明白だが、京阪としては納得がいかなかったはずだ。旧京阪の経営陣は京阪の路線にするのが当然だと反発したが、政府の意向には逆らえなかった。

阪急は昭和38（1963）年に、終点の大宮駅から線路を延伸させて河原町駅を開業させた。河原町は京都随一の繁華街として発展し、駅前につくられた阪急百貨店は地元民の待ち合わせスポットにもなった。

しかし、平成22（2010）年、長らく地元の人々に親しまれてきた阪急百貨店が売り上げ不振のために、河原町から撤退する。阪急百貨店の跡地には京都マルイができたが、令和2（2020）年5月に閉店している。

河原町駅の目と鼻の先の位置には、京阪の祇園四条駅がある。路線を奪われた京阪は、阪急百貨店が河原町から撤退する様子を、複雑な思いで眺めていたことだろう。

【総武鉄道VS日本鉄道】

参拝客を巡る戦い「成田山戦争」

初詣でにぎわう関東の寺院の代表格に、千葉県成田市の成田山新勝寺がある。

成田山参詣が身近な存在になるのは、明治27（1894）年に鉄道が開業してからだ。現在の総武線の前身となる総武鉄道が本所駅（現・錦糸町駅）〜佐倉駅を開業させ、移動時間が短縮。東京から気軽に参拝できるようになった。明治30年には、成田鉄道（現・成田線）が佐倉駅〜成田駅間を開業。これで、成田山は東京から日帰り圏内になった。

成田鉄道は、参詣者の交通アクセス向上を目的に設立された。そのため、まず成田から南下して佐倉駅まで線路を建設。総武鉄道と接続するようになった後は、反転して北へと線路を延ばした。

成田鉄道が北に線路を延ばしたのは、日本鉄道海岸線（現・常磐線）の我孫子駅に線路をつなげるためだった。明治34年、成田鉄道は成田駅〜我孫子駅間を開通させる。これで成田鉄道は北で日本鉄道の我孫子駅、南で総武鉄道の佐倉駅と接続したため、東京から成田山へ参詣するには、上野駅〜我孫子駅〜成田駅という日本鉄道ルートと本所駅〜佐倉駅〜成田駅という総武鉄道ルートの2通りのルートが生まれることになった。

総武鉄道と日本鉄道は、現在、ともにＪＲになっているが、当時は別の私鉄会社。両社の間で激しい乗客争奪戦が始まる。日本鉄道が上野駅から成田駅まで乗り換えなしで行ける直通列車を運行すると、総武鉄道は運賃の割引サービスで対抗した。

すると今度は日本鉄道が上野発の直通列車に日本初の喫茶車両を投入。当時、まだ珍しかったコーヒーや紅茶、ビールなどがメニューに並び、フルーツや菓子まで売られていた。これが評判を呼び、日本鉄道の成田行き列車は運賃が高くても人気列車になった。

日本鉄道と総武鉄道のサービス合戦は日に日に激しさを増していった。このバトルに終止符を打ったのは国の鉄道国有化政策だった。日本鉄道は明治39（１９０６）年に、総武鉄道はその翌年に国有化された。それを境に激しい乗客争奪戦はピタリと止む。同時にサービス合戦もなくなったことで、成田山参拝ブームは沈静化してしまう。

成田鉄道も総武鉄道・日本鉄道に遅れながらも、大正９（１９２０）年には国有化されることになる。成田鉄道の社長・佐分利一嗣《さぶりかずつぐ》は、〝鉄道は民営であるべし〟と強く主張していた。佐分利は「鉄道によって資本主義が発展する。資本主義が発展すれば、ますます鉄道網は拡大する。だから、鉄道は民営であるべきだ」と考えており、日本鉄道や総武鉄道を国有

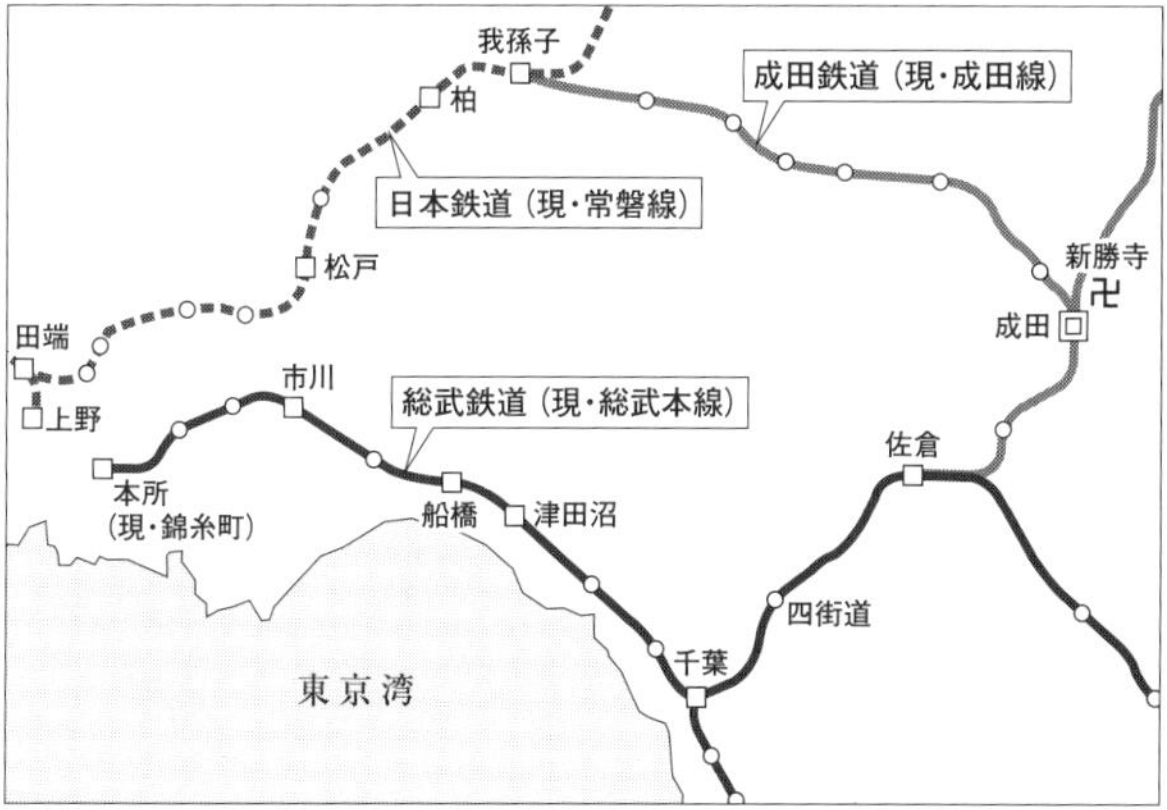

成田鉄道が我孫子駅、佐倉駅と接続し、日本鉄道と総武鉄道の競争が始まった

化したことに批判的だった。

国有化によって、佐分利は成田鉄道の社長の座を降りた。佐分利の鉄道経営者としての才覚は広く知られていた。そのため、佐分利が失職すると渋沢栄一が京阪電鉄の経営陣に誘っている。

渋沢も佐分利も「鉄道は民営であるべし」との意見で一致していた。京阪に移籍した佐分利は、並行する東海道本線や関西本線などを相手に奮闘している。

総武鉄道・日本鉄道の争いは国有化でいったんは決着した。鉄道が便利になることは乗客にとってありがたいことだが、総武鉄道と日本鉄道の争いがなくなり、成田山のブームが終わったことで、成田で営業していた旅館の多くは廃業に追い込まれてしまった。

【官営鉄道VS京成電気軌道】

成田山戦争の第二ラウンド

日本鉄道と総武鉄道が国有化されたことで、両者の競争はなくなった。
だが、競争がなくなったことは、サービスの低下を招いた。それは乗客にとっても、マイナスに作用した。これまでのように2社が競い合ってくれれば、サービスはよくなり、運賃も安くなる。しかし、競争がなくなれば、当然、サービスの向上や運賃の改善は望めない。結果、成田山の参詣者は激減することになった。

成田山参詣が再び活気を取り戻すのは、大正15（1926）年。

この年、京成電気軌道（現・京成電鉄）が押上駅〜成田駅（当初は仮駅の成田花咲町駅）を開業させた。京成の開業で、再び官鉄と京成との間で競争が起きる。

京成は運賃が安いだけではなく、電車での運行だった。それに対して官鉄は汽車による運行だったので、京成の列車の方が振動が少なく、音も静かで快適だった。また、電車は頻繁に運転することが可能なため、京成は待たずに乗れることをウリにした。

昭和13年、成田山開基千年を祝う京成電鉄・押上駅（『京成電鉄100年の歩み』）

大正天皇は大正15年の12月25日に崩御したため、昭和元年は12月26日から始まり1週間足らずで終わった。

昭和2年の正月は、大正天皇が崩御したばかりで重苦しいムードが漂っていた。

それでも、東京市民は社寺に詣でることを自粛しなかった。京成の開業効果もあって、成田山参詣は以前のような大活況を呈した。官鉄は京成人気に乗じて、自分たちも成田山に参詣する人たちを取り込もうとする。例年よりも臨時列車を増発させるという官鉄の作戦は見事に的中し、京成に比べれば客は少なかったものの、前年を上回る乗客を獲得することができた。

官鉄が利用者を増加させたことで、京成はライバル心を燃やし、官鉄の客を奪おうとした。成田山輸送は京成の方が後輩だから、官鉄は

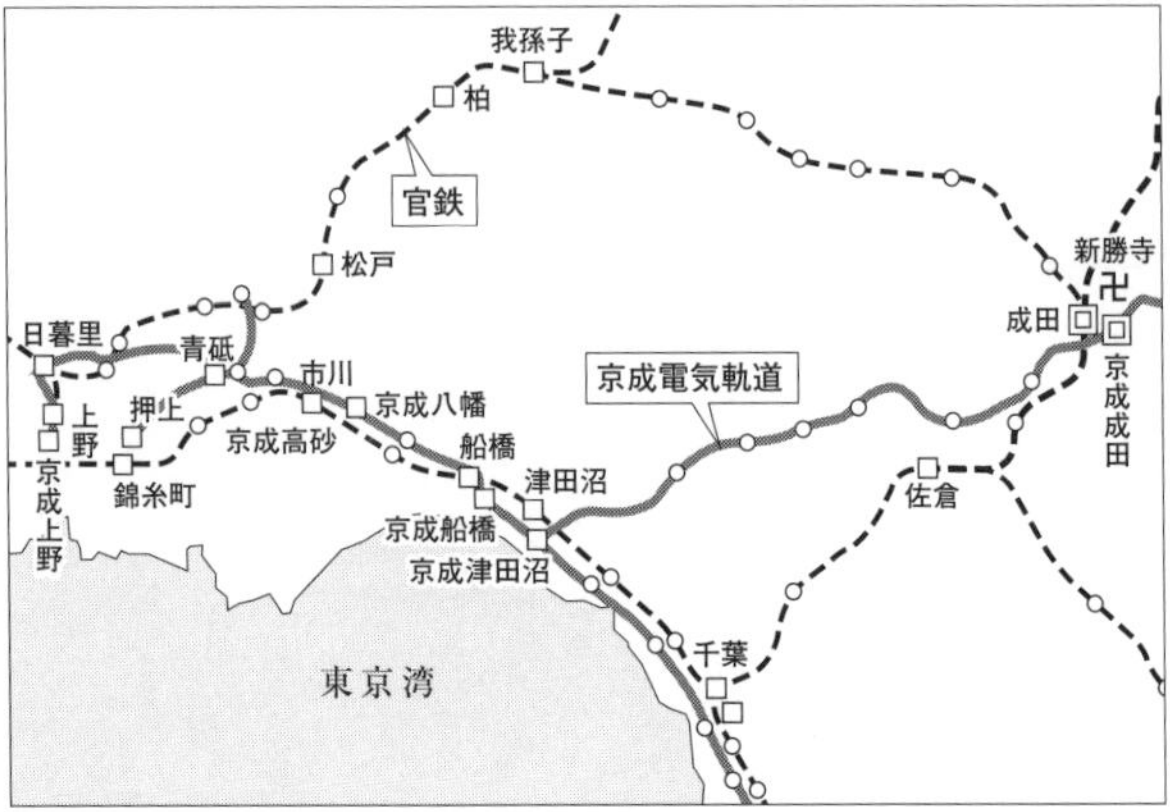

京成と国鉄の成田山バトルは、京成が日暮里から上野まで進出したことで京成の有利に進んだ。

厄介なライバルが現れたと思っていたことだろう。

京成は新聞に初詣広告を大々的に掲載すると、官鉄を蹴落としにかかった。京成の攻勢は凄まじく、年を追うごとに官鉄の客は少しずつ侵食された。このとき、まだ京成のターミナルは押上駅だった。現在、押上駅の周辺はスカイツリーが誕生して多くの人出でにぎわい、観光拠点になっている。しかし、当時の押上は繁華街というよりも住宅街といった趣が強かった。そのため、押上駅は利用しづらく、上野や両国といった都心にターミナル駅を有する官鉄の方が利便性では格段に勝っていた。そんな不利な状況にありながらも、京成は成田山輸送で官鉄と互角に張り合っていた。京成が都心部に路線を延ばせば、官鉄にとって驚異的な存在になるのは明らかだった。

京成も都心進出を虎視眈々と狙っていた。開業許可を得るために政治家に働きかけるようになり、早期の都心進出を実現するために、裏金が飛び交った。これは後に疑獄事件に発展している。

疑獄事件が発覚すると、京成は世間から大きな非難を浴びることになった。それでも都心進出の夢を捨てなかった京成は、当初、浅草へと進出する予定だったのを上野方面に変更。昭和6（1931）年には日暮里駅まで線路を延ばした。日暮里駅は官鉄の山手線との接続駅でもあり、日暮里駅まで到達したことで成田山参詣の形勢は京成有利が決定的とも言える状況になった。そして、2年後には上野までの延伸を実現。京成はさらに便利になった。

戦後、社会情勢も変わり、レジャーが多様化したこともあって、以前より成田山への参詣者は減った。

現在では正月ににぎわうぐらいである。成田山参詣者を巡る京成とJRの戦争はひとまず終結したと見ていいだろう。

【阪急鉄道VS宝塚本線の乗客】

阪急が震え上がった「庄内事件」

不動産業界には、「路線価」という言葉がある。文字からイメージされる通り、鉄道路線に応じた不動産価格のことである。不動産の価格はどの鉄道路線にあるかによって大きく変わる。高級住宅街の路線もあれば、庶民的な住宅街が点在する路線もある。

そのため、路線ごとに住民の文化や暮らしぶりは異なり、考え方も違っている。言うなれば県民性ならぬ「沿線性」だが、それが明白に感じられるのが関西地方である。

関西地方はＪＲよりも私鉄が強いといわれ、私鉄王国とも形容される。とくに大阪～神戸間は、南から阪神電鉄本線、ＪＲ神戸線（東海道本線と山陽本線）、阪急電鉄神戸本線の3線が走り、所要時間や運賃などでしのぎを削っている。

この3線が競合する区間は、面白いほど沿線風景がくっきりと色分けされている。阪神沿線がわりと庶民的なエリアであるのに対して、阪急沿線には高級住宅街が立ち並んでいる。阪急電鉄の神戸本線に囲まれたエリアは、とくに「阪急平野」もしくは「阪急王国」などと呼ばれることもある。阪急王国の住民はおとなしく、鉄道会社に不満をぶつけることが少ないと評される。

ところが、昭和31（1956）年、そんな阪急王国の住民たちが激怒する事件が発生した。きっかけは、朝の通勤ラッシュ時に、阪急宝塚本線の庄内駅付近で起きた車両の故障だった。列車はそれ以上走行することができなくなり、乗客たちは次の庄内駅まで歩かされることになった。車両が故障したのだから、これは仕方がない。乗客たちは職員の誘導に従い、素直に線路を歩いて庄内駅に到着した。

庄内駅には空車の列車が回されることになっていた。ところが、待てど暮らせど列車がこない。そうこうしているうちに、停止していた後続の列車の乗客が庄内駅まで歩いてきたため、駅は1000人近くの乗客で足の踏み場もないような状況になった。

乗客たちはそれでも耐えていた。だが、ようやくきた後続列車がすでに通勤客で満杯になっているのを見て、ついに爆発。乗客たちが線路に飛び降り、後続列車を妨害するために座り込みを始めたのである。

このままでは阪急宝塚本線は完全に麻痺してしまう。事態を重く見た小林一三の三男で専務取締役の米三が庄内駅に向かい、乗客の説得を行った。しかし、乗客は米三の言葉に耳を貸さずヒートアップ。事態を抑えるために警察官200人が出動するという大騒動になった。

事件が起きた阪急宝塚本線。庄内事件が発生した当時は輸送力に乏しく、通勤時は慢性的な混雑状態にあった。

座り込み運動は数時間後に約束の空車が回送されたことで解除された。しかし、それでも怒りが収まらない乗客約200名が梅田駅の駅長室に怒鳴り込む。阪急は乗客1人あたり1000円の弁当代を支払うことで、なんとかその場を収めた。

乗客が蜂起したこの事件は、駅名をとって後に「庄内事件」と呼ばれた。

なぜ普段はおとなしい阪急王国の住人たちがここまで怒ったのか。

その背景には、宝塚本線特有の事情がある。宝塚本線は、阪急が箕面有馬電気軌道と名乗っていた時代から有する路線で、いわば阪急のルーツともいうべきものだった。しかし、神戸本線や京都本線に比べると、新型車両の投入は遅れていた。宝塚本線の線路は路

乗客や警察官が入り乱れ、大混乱に陥った庄内駅。この騒動で阪急の列車は大きな遅れが出た（提供：朝日新聞社）

面電車だった箕面有馬電気軌道時代の名残りで、カーブが連続しており、スピードが出せず、大型車両の運行が難しく、新型車両を投入したくてもできなかったのである。

その一方で、阪急は神戸本線や京都本線には惜しみなく新型車両を投入していた。神戸本線や京都本線には、国鉄や阪神、京阪電気鉄道といった強力なライバル会社がいたからである。

宝塚本線の利用者からすれば、そうした状況が気持ちいいわけがない。庄内事件は、毎日満員電車に揺られ、たいへんな苦労をして通勤している利用者の不満が爆発したものだったのである。

とはいうものの、阪急の乗客サービスは特段に悪かったわけではない。

たとえば、阪急は全駅に利用客のためのトイレを設置していた。現在では駅にトイレがあるのは当たり前だが、当時はそうした鉄道会社はマレだった。関東私鉄の雄・東急はトイレを設置すると臭いや落書きなどの問題が生じるとして、大部分の駅にトイレを設置していなかった。一時期は99駅中、トイレがあるのはたったの10駅程度という頃もあったほどだ。

しかし、それを差し置いても、宝塚本線の行き過ぎた混雑は利用者のストレスだった。阪急はこの事件を受け、宝塚本線の輸送力の増強に取り組み、数年のうちに神戸本線などと遜色ないレベルに改善させた。近年では、そのサービスの内容はきめ細やかさを増している。

しかし、だからといって通勤ラッシュがなくなったわけではない。都市部における通勤電車は庄内事件の時よりますます混雑し、それが常態化している。毎日、満員電車で1時間以上も苦しい思いをして通勤する人も珍しくないが、利用者はグチを漏らすわけでもなく黙々と乗車している。

近年になって利用者が鉄道の運用に不満を唱えて暴動を起こすことはなくなった。その背景には鉄道技術やサービス向上があると思われるが、乗客の意識向上が一番の理由なのかもしれない。

【米投資会社VS西武ホールディングス】

海外ファンドに狙われた西武鉄道

平成16（2004）年、日本の鉄道史で異色を放ってきた西武鉄道が苦境に陥る。大株主だった創業者一族が証券取引法違反で逮捕されたことで、上場廃止されたのだ。大打撃を受けた西武鉄道は、メインバンクによって経営再建が進められることになった。このときに再建資金を出した救世主が、アメリカの投資会社・サーベラスだった。サーベラスの助力の成果もあり、西武鉄道はドン底からよみがえった。経営再建は順調に進められたが、平成26（2014）年の再上場の際に、西武鉄道の経営陣とサーベラスは対立する。

投資ファンドであるサーベラスにとっては、上場時に株価は高ければ高いほど株式売却に旨みが出る。上場廃止した西武鉄道に約1000億円もの大金を出資した理由は、株式上場後に売却することで得る差益が目的だった。このとき、サーベラスは西武鉄道の発行株式の約30パーセントを保有していたから、1円でも高い値がつけば、それだけ儲けを出すことが

西武鉄道の西武秩父駅に停車中の 4000 系（筆者撮影）

できる。

ところが西武の新経営陣は「株価は市場が決めるもの」とサーベラスの思惑を一蹴する。西武経営陣とサーベラス、両者の思惑は別方向へと動き出す。

これまで上場して株式を売却したいと考えていたサーベラスは一転して上場しないように経営陣に求めた。しかし、すでに上場準備に入っている経営陣には、その要求は受け入れがたいものだった。

救世主でもあり大株主でもあった自分たちの言葉に耳を貸さない経営陣に対して、サーベラスはいらだった。そして鉄道事業者が考えもつかない奇想天外な作戦に打って出る。

それが西武鉄道秩父線をはじめとする赤字路線を廃止するという株主提案だった。

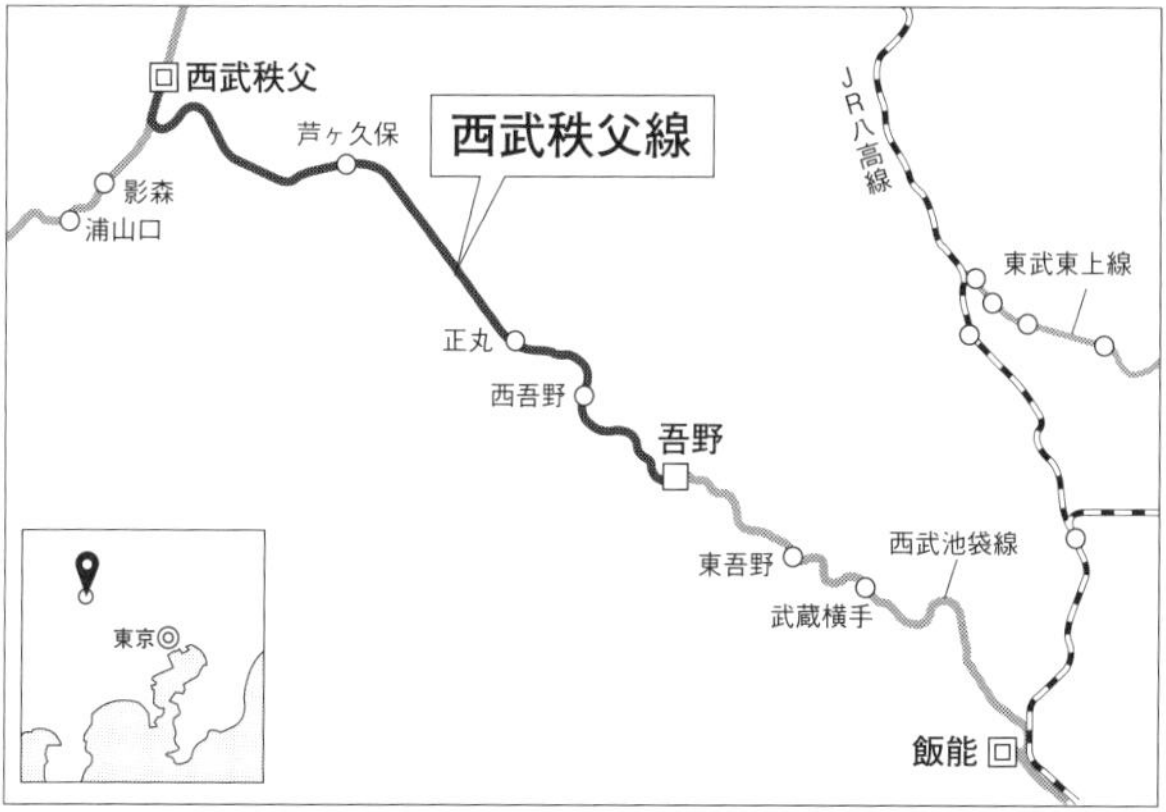

サーベラスから廃線の提案を受けた西武秩父線（吾野駅〜西武秩父駅）

西武鉄道はいくつかの路線を有しているが、そのうち柱となっているのが、新宿線と池袋線である。サーベラスが廃止を提案した西武秩父線は、池袋線と接続して埼玉県秩父市に至る路線だ。

西武鉄道が誇る特急レッドアロー号は池袋駅からいくつかの駅に停車して西武秩父駅まで走る。途中で路線名が池袋線から秩父線へと変わっても、乗り換えることはない。

だが、池袋駅を出発する池袋線のほとんどの電車は飯能駅までしか走らない。そこから先、西武秩父駅まで行くには飯能駅で乗り換えることになる。

そうした運行体制になっていることから、一見すると池袋駅〜飯能駅間が池袋線、飯能駅〜西武秩父駅間が秩父線と誤解されやすい。

しかし、実際の西武秩父線は飯能駅よりもさらに秩父寄りの吾野《あがの》駅が起点で、そこから西武秩父駅までの区間となっている。

秩父線は全線が単線区間で、電車の行き違いは駅や信号場で行われる。そうした事情から、駅での停車時間が長い。また、周辺の景色も池袋線とは異なり、のどかな雰囲気が漂う。池袋線とは大きく異なる秩父線は、サーベラスが指摘するように採算路線とは言い難い。だからと言って、すぐに不採算路線を切り捨てられるかと言えば、その答えはＮＯである。

大きな鉄道会社になればなるほど、不採算路線を多く抱える。

実際、ＪＲは人があまり住んでいない地域に線路を敷いている。東京〜大阪間には、人が住んでいない中山間地域もあるが、線路を敷設しなければ東京と大阪はつながらない。そこに線路が敷かれることで大都市と大都市がつながり、鉄道が両都市間を走ることができる。それが鉄道の需要を生む。赤字区間を抱えてしまうことは、鉄道会社の宿命でもある。

サーベラスの提案は、鉄道会社がネットワーク企業であるということを無視したものだった。それゆえに経営陣を驚かせたのだ。

鉄道経営という面から見たらサーベラスの提案はあまりに奇想天外であり、ほかの株主たちの賛同を得ることもできなかった。当然、沿線の住民たちからも反対の声が上がる。上田清司埼玉県知事（当時）や沿線の市長・町長なども騒動に介入する事態となり、行政も「秩父線は生活に必要」との声明を出して西武に肩入れしている。

　こうした市民の足を守るといった世論が西武鉄道を後押ししたこともあり、マーベラスの秩父線廃止の提案は否決された。マーベラスが廃止すべしと提案した秩父線をはじめとする西武鉄道の路線は健在である。

　生活者としても秩父線はなくてはならない存在だが、秩父線が廃止されなかったことで胸をなでおろしている鉄道ファンも多かったことだろう。

【南海電気鉄道VSローンスター】

泉北高速鉄道を巡る外資と南海の戦い

西武鉄道とマーベラスの争いは、かつての村上世彰《よしあき》氏が率いたファンドグループ、通称・村上ファンドが阪神電鉄株を買い占めた事件を彷彿とさせるものだった。

そんな村上ファンド騒動の記憶が残る平成20（2008）年、関西大手私鉄の雄である南海電鉄と外資系投資ファンド・ローンスターとの間でいさかいが勃発した。

南海とローンスターのいさかいの元になったのは、泉北高速鉄道という鉄道会社だ。

泉北高速鉄道は、昭和40（1965）年に「大阪府都市開発株式会社」が設立した鉄道会社である。親会社の名前からもわかるように、同社は東急や阪急といった従来の鉄道会社のように鉄道を運行することをメイン事業としていたわけではない。

高度経済成長期、大阪は商都として発展し、農家の次男や三男が地方から職を求めて押し寄せてきた。そうした若者たちも、年を重ねて一人前となり、結婚して子どもを産み育てる。家庭を持てば、マイホームが必要になるだろう。しかし、折からの物価上昇で庶民が都心部

泉北高速鉄道を走る南海電車

に家を構えることは無理な話だった。

東京は不動産価格の高騰でマイホームが高嶺の花となっていた代表的な都市だが、大阪も例に漏れなかった。大阪府都市開発株式会社は、そうした大阪都心部に通勤する労働者にマイホームを確保する目的を持っていた。

株式会社を名乗ってはいるものの、大阪府都市開発株式会社は大阪府が大部分の株式を保有している。つまり、第三セクターである。

計画当初、大阪府は泉北ニュータウンへの鉄道線を建設するにあたり、南海電鉄に建設から運行までのすべてを任せようとしていた。ところが、南海は採算性が薄いことを理由に大阪府の提案を拒否する。

そうした事情から、泉北高速鉄道は第三セクターとしての道を選んだ。とはいえ、大阪府

大阪府と和歌山県を結ぶ南海・高野線。泉北高速鉄道とは中百舌鳥駅で乗り入れている。

に鉄道を運転するスキルも管理するノウハウもなかった。そこで大阪府は建設などを担当したが、運転士や駅員は南海から派遣してもらった。

建設を拒否されながらも、大阪府都市開発株式会社が南海に業務を委託したのは、中百舌鳥《なかもず》駅で南海電鉄高野線と接続・直通運転を実施していることが理由だった。そもそも駅業務のスキルが大阪府都市開発株式会社にはないから、どこかの鉄道会社に駅業務を委託しなければならない。直通運転をしているのだから、南海に業務を委託しても違和感はない。

駅業務を委託する一方で、泉北高速鉄道は自社で駅員を育成した。将来的に、泉北高速鉄道は南海に頼らずに独力で鉄道運営を切り

すったもんだの末、泉北高速鉄道は南海の子会社となった。写真は泉高速鉄道の本社がある和泉中央駅。

盛りするつもりだった。そうした泉北高速鉄道の努力は着実に実を結び、南海に委託していた業務の比率は年々減少した。

そして、平成5（1993）年に全業務を自分たちの手で行えるようになり、業務委託は終了。泉北高速鉄道は独り立ちしたのである。

ようやく独り立ちした泉北高速鉄道だったが、橋下徹大阪府知事（当時）が大阪府の保有する大阪府都市開発株式会社の株式を売却する方針を表明する。これが火種になった。

先にも触れたように、泉北高速鉄道は中百舌鳥駅で南海電鉄高野線と接続・乗り入れする関係にある。一体的に運行されているから、南海も利用しやすくなり、それが南海沿線の不動産価格にも反映される。仮に泉北高速鉄道の親会社である大阪府都市開発株式会社が、ほかの私鉄の系列になって乗り入れをしなくなったら、南海にとって想定されるデメリットは大きい。

そうした事情から、大阪府都市開発株式会社の株式売却の話に真っ先に手を挙げたのが南海だった。

大阪府都市開発株式会社はトラックターミナル事業が好調で、年間1億円以上の収益を計上していた。それだけに大阪府議会では売却に慎重な声も多かった。

橋下府知事からバトンを引き継いだ松井一郎府知事も大阪府都市開発株式会社の株式を売却する意向で、平成25（２０１３）年に売却先を公募。その結果、約７８１億円でアメリカ投資ファンドのローンスターに売却されることが内定した。

この金額は大阪府が想定していた売却額を上回るもので、数字だけを見れば大成功といえる。

しかし、問題は売却先が外資系投資ファンドということだった。

大阪府民や沿線住民には、村上ファンドの一件がまだ記憶に残っていた。鉄道会社が投資ファンドの手に渡れば、公共交通機関としての役目を果たさなくなるのではないか。沿線住民や利用者から、そんな不安の声が聞かれるようになる。沿線の堺市や和泉市でも市議会でローンスターへの売却を撤回するように求める決議が採択された。

大阪府都市開発株式会社の株式を売却するには大阪府議会の同意が必要で、堺市や和泉市の反対が強くなったことで、大阪府議会でもローンスターへの売却を再検討する気運が高まる。最終的に売却は議会で否決される。

議会で否決されたため、大阪府は改めて泉北高速鉄道の株式を売却する相手を探すことにした。

そして前回の反省を踏まえ、公募ではなく随意契約という形にし、南海と南海グループの子会社に売却することで一件落着となったのである。

■参考文献

『鉄道先人録』（日本交通協会）
鉄道史学会編著『鉄道史人物事典』（日本経済評論社）
『開業50周年記念「完全」復刻　アサヒグラフ増刊別冊　東海道新幹線』（朝日新聞出版）
『東京オリンピックと新幹線』（青幻舎）
国立歴史民俗博物館『江戸の旅から鉄道旅行へ』
東京ステーションギャラリー『東京駅一〇〇年の記憶』
東京ステーションギャラリー『ディスカバー、ディスカバー・ジャパン「遠く」へ行きたい』
岡本哲志監修『一丁倫敦と丸の内スタイル』（求龍堂）
白幡洋三郎『旅行ノススメ』（中公新書）
松沢成文『JT、財務省、たばこ利権』（ワニブックスPLUS新書）
曽根悟『新幹線50年の技術史』（講談社ブルーバックス）
近藤正高『新幹線と日本人の半世紀』（交通新聞社新書）
平山昇『鉄道が変えた社寺参詣』（交通新聞社新書）
『[図説] 国鉄全史』（学習研究社）
『[図説] 新幹線全史』（学習研究社）
『[図説] 新幹線全史2』（学習研究社）
『[図説] 夜行列車・ブルートレイン全史』（学習研究社）
佐藤洋一『図説　占領下の東京』（河出書房新社）
西澤泰彦『図説　満鉄』（河出書房新社）

太平洋戦争研究会『図説　満洲帝国』（河出書房新社）
交通博物館編『図説　駅の歴史』（河出書房新社）
松平乗昌編『図説　日本鉄道会社の歴史』（河出書房新社）
愛新覚羅・溥儀『わが半生　上下』（ちくま文庫）
中田整一『満洲国皇帝の秘録』（文春文庫）
小林英夫『満州と自民党』（新潮新書）
国分隼人『将軍様の鉄道』（新潮社）
小山騰『国際結婚第一号』（講談社選書メチエ）
堀田典裕『自動車と建築』（河出ブックス）
和久田康雄『人物と事件でつづる私鉄百年史』（鉄道図書刊行会）
溝口敦『暴力団』（新潮新書）
読売新聞社会部『東京今昔探偵』（中公新書ラクレ）
小森厚『もう一つの上野動物園史』（丸善ライブラリー）
藤森照信『日本の近代建築　上』（岩波新書）
越沢明『東京の都市計画』（岩波新書）
越沢明『後藤新平』（ちくま新書）
中島直人、西成典久、初田香成、佐野浩祥、津々見崇『都市計画家　石川栄耀』（鹿島出版会）
斎藤充功『昭和史発掘　幻の特務機関「ヤマ」』（新潮新書）
松平誠『ヤミ市　幻のガイドブック』（ちくま新書）
原田勝正『日本の国鉄』（岩波新書）
和久田康雄『日本の私鉄』（岩波新書）

白川淳『御召列車』（マガジンハウス）
青木槐三『鉄道黎明の人々』（交通協力会）
青木槐三『人物国鉄百年』（中央宣興株式会社出版局）
沢和哉『鉄道建設小史　鉄道に生きた人びと』（築地書館）
『別冊1億人の昭和史　昭和鉄道史』（毎日新聞社）
新宿歴史博物館『特急電車と沿線風景』
星山一男『お召列車百年』（鉄道図書刊行会）
田辺幸夫『御料車物語』（レールウェー・システム・リサーチ）
鉄道博物館『御料車』
釜石市教育委員会『大橋高炉跡・釜石鉱山』
大島真生『愛子さまと悠仁さま』（新潮新書）
御厨貴『権力の館を歩く』（ちくま文庫）
交建設計駅研グループ『駅のはなし』（成山堂交通ブックス）
長谷川章・三宅俊彦・山口雅人『東京駅歴史探見』（JTBキャンブックス）
寺本光照『国鉄・JR悲運の車両たち』（JTBキャンブックス）
石井幸孝・岡田誠一・小野田滋ほか『幻の国鉄車両』（JTBキャンブックス）
『昭和の鐵道と旅』（朝日新聞出版）
堤一郎『近代化の旗手、鉄道』（山川出版社日本史リブレット）
鈴木勇一郎『おみやげと鉄道：名物で語る日本近代史』（講談社）
鈴木勇一郎監修、宇野真紀、馬場菜生編『おみやげと鉄道』（公益財団法人東日本鉄道文化財団）
山田朗、明治大学平和教育登戸研究所資料館編『陸軍登戸研究所〈秘密戦〉の世界』（明治大学出版会）

渡辺賢二『陸軍登戸研究所と謀略戦』（吉川弘文館歴史文化ライブラリー）
武田元秀『ダムと鉄道』（交通新聞社新書）
『永田町インサイド　あなたの知らない政治の世界』（日本経済新聞社）
『週刊歴史でめぐる鉄道全路線　大手私鉄　全20巻』（朝日新聞出版）
『図説　日本の鉄道クロニクル　全10巻』（講談社）
西山夘三『日本のすまいI』（勁草書房）
西山夘三『昭和の日本のすまい』（創元社）
『全満洲名勝写真帖』（松村好文堂）
大西守一『大連名勝写真帖』（東京堂）
『皇太子殿下御渡欧記念写真帖』（大阪毎日新聞社）
黒田鵬心編『東京百建築』（建築画報社）
島秀雄『東京駅誕生』（鹿島出版会）
〈週刊新潮〉平成22年7月8日号
中島幸三郎『風雲児　十河信二伝』（交通協同出版社）
『発展する鉄道技術　最近10年のあゆみ』（日本鉄道技術協会）
鉄道大臣官房文書課編『日本鉄道史』（鉄道省）
『1億人の昭和史　昭和鉄道史』（毎日新聞社）
『昭和を走った地下鉄　東京地下鉄開通五〇周年記念』（帝都高速度交通営団）
京成電鉄株式会社経営統括部編『京成電鉄１００年の歩み』（京成電鉄）
そのほか、官報、公報、社史、新聞、パンフレット、ポスター、博物館・資料館展示、ＷＥＢサイトなど、多くの資料を参考にさせていただきました。

■ 著者紹介

小川裕夫（おがわ・ひろお）
1977年、静岡県静岡市生まれ。行政誌編集者を経て、フリーランスライター。旅、鉄道、地方自治などが専門分野。著書に『鉄道王たちの近現代史』（イースト新書）、『封印された鉄道史』、『封印された東京の謎』（以上、彩図社）、『都電跡を歩く』（祥伝社新書）、『踏切天国』、『路面電車で広がる鉄の世界』（以上、秀和システム）、『全国私鉄特急の旅』（平凡社新書）、『政治家になっちゃった人たち』（総和社）、編著に『日本全国路面電車の旅』（平凡社新書）などがある。

歴史から消された　禁断の鉄道史

2020年10月8日 第1刷

著　者　小川裕夫

発行人　山田有司

発行所　株式会社　彩図社
東京都豊島区南大塚3-24-4
MTビル　〒170-0005
TEL:03-5985-8213　FAX:03-5985-8224
https://www.saiz.co.jp
https://twitter.com/saiz_sha

印刷所　新灯印刷株式会社

　ISBN978-4-8013-0479-6 C0165

本書は2015年9月に小社より発行した『封印された鉄道秘史』を加筆修正のうえ、文庫化したものです。